PORQUE SIM
não é resposta!

Pe. Evaldo César de Souza, C.Ss.R.

PORQUE SIM não é resposta!

Guia prático de respostas para perguntas curiosas sobre FÉ

EDITORA
SANTUÁRIO

DIREÇÃO EDITORIAL:
Pe. Fábio Evaristo Resende Silva, C.Ss.R.

COORDENAÇÃO EDITORIAL:
Ana Lúcia de Castro Leite

COPIDESQUE:
Ana Lúcia de Castro Leite

REVISÃO:
Cristina Nunes
Luana Galvão

DIAGRAMAÇÃO E CAPA:
Bruno Olivoto

FOTO:
Rodolfo Magalhães

ISBN 978-85-369-0396-5

1ª impressão

Todos os direitos reservados à **EDITORA SANTUÁRIO** – 2015

 Composição, CTcP, impressão e acabamento:
EDITORA SANTUÁRIO - Rua Padre Claro Monteiro, 342
12570-000 - Aparecida-SP - Fone: (12) 3104-2000

*Dedico este livro aos devotos e devotas
de Nossa Senhora Aparecida,
gente que aprendi amar
no meu apostolado da Rádio,
TV Aparecida e portal A12.com*

APRESENTAÇÃO

Durante estes mais de 10 anos trabalhando com os meios de comunicação aqui na Rádio e TV Aparecida, e mais recentemente no portal A12.com, recebi centenas de cartas dos mais diversos lugares deste país. A maior parte delas trazia histórias de fé, fotografias, pedidos de oração e bênção. Cada uma delas era, sem dúvida, o reflexo de uma pessoa especial, um devoto de Nossa Senhora Aparecida, que, do seu jeito, entrava em contato conosco na esperança de receber um gesto de carinho.

A maioria dessas cartas eu consigo mostrar e ler em programas de rádio e televisão. Muitas fotografias ilustram os programas que conduzo nos meios de comunicação, algumas eu mesmo pessoalmente respondi, enviando como agradecimento alguma oração ou pequenas lembranças. Enfim, sinto-me realizado por conseguir, de algum modo, estar presente junto ao povo que tem tanto carinho pelo meu jeito de ser, um padre comunicador.

Contudo, entre tantas cartas, ao longo dos anos eu fui selecionando aquelas que me traziam perguntas, questões de fé, bíblicas, litúrgicas. Perguntas que fazemos no dia a dia e que nem sempre encontramos respostas satisfatórias. Essas perguntas eu me esmerei em responder, de forma simples e direta, atentando sempre para o mandato missionário de Jesus Cristo – "Enviou-me para evangelizar os pobres". Tenho certeza absoluta de que quando alguém encontra um padre que ajuda a entender certas coisas da religião, da fé, da Bíblia, este alguém sai feliz do encontro e um pouco mais evangelizado.

Foi por isso que resolvi compilar essas respostas em um pequeno livro. Publicações como esta, que você tem nas mãos, são muito comuns, e eu sou mais um a escrever, em perguntas e respostas, aquilo que o nosso povo tem vontade e curiosidade de saber. A diferença está no jeito de explicar e talvez, a partir de agora, você possa ter, na ponta da língua, respostas bem-elaboradas sobre questões de nossa fé. Para começar, você tem alguma pergunta?

Pe. Evaldo César de Souza, C.Ss.R.

PORQUE SIM não é resposta...

... e não é mesmo! Uma boa pergunta exige uma boa resposta!
    É por isso que, antes de começar a aprender mais sobre religião, que tal se perguntar sobre suas dúvidas! Isso mesmo, você já parou para pensar sobre o valor de um ponto de interrogação? Perguntar pode mudar o rumo das coisas e todo conhecimento nasce de uma interrogação. Só aprende aquele que sabe perguntar.
    Como assim?
    Não falei? Olhe o danado do ponto de interrogação nos obrigando a responder. Quando alguém pergunta, somos obrigados a dar respostas, e, se a resposta não convence, a pessoa irá perguntar outra vez. Esse jogo de perguntas e respostas é o que produz o conhecimento no mundo, e disso sabem muito bem os filósofos, especialistas em perguntas.

      – Mãe, por que a gente morre?
      – *Porque sim, menino!*
      – Mãe, porque "sim" não é resposta!

Não adianta tentar enganar a dúvida, ela é persistente, e aqueles que insistem em encontrar boas respostas também serão capazes de melhorar a qualidade de suas perguntas. O sábio pergunta sempre, o tolo acredita em tudo sem questionar. A crença que prescinde da dúvida é perigosa. Até mesmo para ter fé é preciso perguntar. Fé e razão, crenças e dúvidas precisam encontrar justo equilíbrio.

Por isso, caro leitor, não fique com vergonha nem tenha medo de perguntar. Talvez nem sempre tenhamos todas as respostas, mais isso não significa que eu deva me acomodar. Quanto mais eu pergunto, mais estarei próximo de uma resposta. E quando a resposta não vier pela lógica, afinal falamos dos mistérios de Deus, que a resposta venha pela adesão da fé. Mas que antes de tudo eu persiga todos os caminhos possíveis para encontrar uma resposta as minhas dúvidas.

Mas é preciso alertá-lo. Quando o assunto é religião, muitas vezes entrará em cena a fé, pois nem tudo pode ser explicado detalhadamente. Talvez você fique insatisfeito com alguma resposta que encontrar aqui. Essa é a hora de perguntar mais, procurar novos livros, ir atrás das respostas que você ainda não tem. Como já disse, são as perguntas que movimentam a nossa história.

Vejamos os Evangelhos. Jesus era um grande perguntador. Quase sempre ele rebate seus acusadores com novas e inteligentes perguntas, que deixam todos boquiabertos. Mais do que dar respostas, Jesus obrigou o povo a pensar com ele o modo correto de viver e construir o Reino de Deus.

– Alguém aqui não tem pecado?
– Quem me tocou?
– O que queres que eu faça por ti?
– Que estás procurando?
– De quem é a efígie na moeda?
– Quantas vezes deves perdoar?

A dúvida, as perguntas, as interrogações são maneiras de purificar nossa fé, de entender mais nossa doutrina católica, de nos aproximar da Palavra de Deus. Perguntas nos ajudam a separar superstição de religião, costumes de dogmas, modismos de verdadeira liturgia. Perguntar, diz a tradição popular, não ofende. E uma boa pergunta pode ser motivo para puxar uma boa conversa e aproximar ainda mais as pessoas. Pergunte sempre e muito. E não aceite meias respostas ou respostas confusas. Afinal, desde crianças já aprendemos que…

PORQUE SIM não é resposta!

PRIMEIRA PARTE

IGREJA

1 Por que existem dentro da religião católica várias tendências, umas conservadoras e outras mais liberais?
(José Benedito – São Bernardo do Campo/SP)

A fé católica abrange uma infinidade de pessoas e grupos que vivem a fé de maneira diferenciada. Essa diferença é fruto de uma história marcada pelo crescimento da Igreja em diversos lugares e grupos humanos distintos. Mas prestem atenção: isso não significa que temos objetivos diversos uns dos outros. As verdades fundamentais da fé não são diferentes nos diversos grupos. No fundo, vivemos na Igreja Católica aquilo que São Paulo chamava de unidade na diversidade.

> Assim como o corpo é uma unidade e tem muitos membros, mas todos os membros do corpo, apesar de serem muitos, formam um só corpo, assim também acontece com Cristo... ora nós somos o corpo de Cristo (1Cor 12,12.27).

Assim, por exemplo, na vida da liturgia, cada grupo, nação ou mesmo comunidade, pode encontrar formas diferentes para celebrar a missa. Na música, por exemplo, algumas são mais alegres, com batuques e guitarras, outras são mais clássicas, com instrumentos litúrgicos, como o órgão. Entretanto, caro amigo, é preciso saber discernir, com clareza, entre tantos caminhos aqueles que realmente são expressão de verdadeira fé.

O Concílio Vaticano II, acontecido entre 1962-1965, diz-nos que a fé precisa ser analisada a partir de três elementos: Sagrada Escritura, Tradição Oral e Escrita dos primeiros séculos da Igreja e Magistério da Igreja, que são os ensinamentos dos Papas, ao longo dos séculos. Assim, com posturas mais conservadoras ou mais liberais, para tudo devemos encontrar na religião o verdadeiro Deus de Jesus Cristo, que optou pelos mais sofredores e abandonados. Uma tendência eclesiológica não pode sentir-se melhor ou pior do que a outra. São apenas meios diferentes de louvar e proclamar o mesmo Evangelho.

Também é preciso dizer, com todas as palavras, que nas duas tendências pode haver exageros e excessos. Por isso a Igreja insiste em que há linhas mestras que devem conduzir os modos de ser Igreja. O ideal mesmo é evitar os extremos, nem tanto conservador, nem tanto progressista. Como dizia São Tomás de Aquino, *"a virtude está no meio"*.

TENDÊNCIAS ECLESIOLÓGICAS DO CATOLICISMO

Como dissemos acima, são muitas as tendências religiosas dentro da Igreja, o importante é manter a unidade na diversidade. De modo muito simples, as duas tendências opostas podem ser assim descritas:

Conservadores: são chamados de conservadores os grupos católicos que dedicam maior atenção aos aspectos detalhistas e legalistas da fé e da doutrina. Geralmente, entendem a religião como algo que está separado da vida prática do dia a dia e preferem uma religião mais *ad intra*, ou seja, a Igreja voltada para ela mesma. O discurso conservador prefere seguir à risca o que está escrito nos documentos eclesiais.

Progressistas: representam uma tendência mais aberta da Igreja, menos preocupados com minúcias litúrgicas e doutrinais, e mais dados ao trabalho social, buscando integrar fé e vida. Entendem a Igreja na dinâmica *ad extra*, ou seja, uma Igreja que sai em busca dos mais necessitados. A tendência progressista é mais voltada ao trabalho pastoral.

CATEQUESE

2. Existe algum santo reconhecido pela Igreja que ainda esteja vivo? Ou só se torna santo uma pessoa que já morreu? (Angélica – Guaratinguetá/SP)

Hoje em dia, o ideal da santidade parece estar distante da vida dos homens e das mulheres, e temos a impressão de que ser santo é uma coisa praticamente impossível. Mas não é bem assim: todos nós somos chamados a ser santos, cumprindo assim nossa grande vocação de encontro com Deus. Essa consciência sobre a santidade está bem expressa em um documento do Concílio Vaticano II (1962-1965).

A Constituição Dogmática *Lumen Gentium* tratou, em seu quinto capítulo, a respeito da "vocação de todos à santidade na Igreja", ensinando que "os cristãos de qualquer estado ou ordem são chamados à plenitude da vida cristã e à perfeição da caridade" (LG 40).

E ser santo nada mais é do que viver bem, honestamente e com consciência tranquila o projeto que Deus sonhou para nós. Toda e qualquer pessoa pode santificar-se em seu estado de vida. Um padre precisa tornar-se um santo padre! Um leigo deve buscar a santidade em seu estado laical! Segundo o padre dominicano Royo Marín, a santidade pode ser definida por três pontos:

1. O santo identificou sua vida com a vontade de Deus.
2. O santo encontrou a perfeição da caridade.
3. O santo encontrou em Cristo seu único objetivo de vida.

Para tanto, ensina-nos São Tomás de Aquino que o santo precisa saber afastar-se do pecado e aproximar-se da caridade, fortalecendo em si o desejo de praticar o bem até chegar ao ponto em que se identifica plenamente com a vontade de Deus. Não é um caminho simples, mas também não é algo impossível. Como já foi dito, todos nós somos chamados a ser santos.

O fundador dos missionários redentoristas, Santo Afonso Maria de Ligório, já afirmava em seu tempo que Deus chama à santidade todos os homens e mulheres. Ele era contrário à opinião corrente de que somente os religiosos, monges, freis e freiras eram candidatos à santidade. Ele era ousado, afirmando que não era obrigatório que alguém desistisse do "mundo", do casamento ou da família, se quisesse ser santo. Isso quase 250 anos antes do Concílio Vaticano II. Em um de seus livros ele assim escreveu:

> "É um grande erro dizer: 'Deus não quer que todos sejam santos'. São Paulo disse: 'A vontade de Deus é esta: a vossa santificação' (1Ts 4,3). Deus quer que todos se tornem santos, cada um em sua ocupação; o religioso exatamente como um religioso, o secular como um secular, o padre como um padre, o casado como uma pessoa casada, o comerciante como um comerciante, e as outras pessoas de acordo como caminham na vida".

A Igreja Católica, entretanto, reconhece que algumas pessoas que bem viveram sua vocação neste mundo, depois de falecidas, foram acolhidas por Deus no Céu e as considera exemplos de vida para todos nós. São os santos canonizados. **Canonizar** quer dizer literalmente colocar o nome de alguém num *cânon*, ou seja, numa lista. Os santos e santas canonizados estão na lista daqueles homens e mulheres que, oficialmente, tiveram suas virtudes reconhecidas pela Igreja, que foram considerados seguidores exemplares de Jesus!

Mas existe também uma multidão de pessoas anônimas que foi santa. Pense em algum parente ou amigo falecido que foi exemplo de vida para você. Certamente, essa pessoa é santa ao lado de Deus. Podemos encontrar pessoas maravilhosas que convivem conosco, verdadeiros anjos da guarda, as quais chamamos carinhosamente de santas. Lembro-me de muitos rostos, de homens e de mulheres, que na minha vida são verdadeiros santos, ajudando-me a compreender a beleza da vida e a lutar nas horas de dor e tristezas.

Resumindo, podemos dizer que:

a) Todos nós podemos e devemos ser santos.
b) Muitos homens e mulheres, ainda vivos, chamamos de pessoas santas, pois expressam radicalmente seu amor a Jesus pela caridade.
c) Somente são canonizados homens e mulheres que na vida foram virtuosos e exemplares e que, depois de falecidos, têm suas virtudes reconhecidas como exemplo de vida cristã e recebem, pela fé da Igreja, o privilégio de estar em altares para a veneração pública.

VOCÊ SABIA?

Para um processo de canonização é necessário seguir algumas etapas:

— Fase local: o bispo (arqui)diocesano abre um processo, nomeia um postulador e um promotor da fé, para levantar todo documento possível sobre o candidato à santidade (prós e contras).

— Fase Romana: o material recolhido é enviado para Roma, para a Congregação da Causa dos Santos, que revisa os papéis e pede mais informações, se necessário.

— Necessidade de um milagre certo e averiguado: para a beatificação e canonização é necessário que se tenha documentado com certeza e lucidez um milagre (intervenção extraordinária e inexplicável) na vida de alguém. Há exceções, pois o Papa pode prescindir desses sinais se achar conveniente, e no caso de martírio (morrer pela fé) também se dispensa a realização de um milagre.

— O processo pode levar muitos anos ou ser abreviado. De qualquer forma ele tem custos altos, dada a complexidade e pessoas envolvidas para que tudo seja devidamente documentado e analisado.

IGREJA

3 **Por que as mulheres não podem ser ordenadas "padres"? (Maria Cláudia – Lorena/SP)**

Quando vejo essa pergunta, penso em de tantas outras pessoas que pela vida afora fazem a mesma pergunta. Se há uma coisa que excita a curiosidade e a discussão teológica, ao longo dos anos, é a possível ou a não possível ordenação sacramental de mulheres. Para que fique claro desde o início:

> Na Igreja Católica Apostólica Romana, é doutrina de fé e pertence à natureza da Igreja, dadas as bases bíblicas, históricas e teológicas, que **somente homens podem receber validamente o sacramento da Ordem Sacerdotal.**

Essa é uma afirmação de fé. Todo católico deve receber essa verdade como obediência na fé (Rm 1,5). Mas isso não nos impede de aprender um pouco mais sobre esse assunto nem mesmo desconsiderar os argumentos de grupos teológicos que discutem essa posição da Igreja.

Para entender essa questão, precisamos olhar para o passado da Igreja e compreender os motivos sociológicos e teológicos pelos quais a Igreja insiste em somente delegar aos homens o uso das ordens sagradas e o serviço do altar. Em primeiro lugar, esta exclusividade masculina não significa que a Igreja não valorize a mulher ou não dê a ela serviços religiosos importantes na vida das comunidades.

O fato é que somos herdeiros da religião judaica, em que somente os homens serviam a Javé nos templos e nas sinagogas. Reforçando essa Tradição, ainda que tenhamos notícia de que no grupo de

Jesus havia mulheres que o seguiam e o serviam, não encontramos na lista dos doze apóstolos a presença de mulheres. Essa escolha de Jesus somente por homens, e considerando sua inspiração divina para tal feito, torna digno de doutrina de fé na Igreja Católica que somente homens possam receber validamente o sacramento da Ordem. Alguns estudiosos afirmam que havia no início mulheres que exerciam o diaconato nas igrejas, insistem em discutir o tema, mas o assunto não é biblicamente nem teologicamente claro. Passagens bíblicas que deixariam margem para a interpretação sobre ordenação de mulheres não têm uma leitura unânime entre os teólogos.

Por isso, em 22 maio de 1994, pensando em oferecer definitivamente uma resposta aos católicos e a outros grupos que insistiam em discutir sobre a ordenação de mulheres, o Papa João Paulo II, hoje santificado, publicou a Carta Apostólica *Ordinatio Sacerdotalis*, na qual afirma categoricamente:

> Portanto, para que seja excluída qualquer dúvida em assunto da máxima importância, que pertence à própria constituição divina da Igreja, em virtude do meu ministério de confirmar os irmãos (cf. Lc 22,32), declaro que **a Igreja não tem absolutamente a faculdade de conferir a ordenação sacerdotal às mulheres** e que esta sentença deve ser considerada como definitiva por todos os fiéis da Igreja.

Essa herança católica pode até parecer um tanto quanto machista, mas quero provocar outra reflexão: será que o papel da mulher na Igreja, ainda que não receba o ministério ordenado, não é de suma importância? Será mesmo que vale a pena insistir no tema da ordenação, em vez de buscar outras formas de inclusão ativa da mulher na vida da Igreja?

O mesmo Papa João Paulo II escreveu uma linda carta apostólica sobre a dignidade da mulher e, inspirado em Maria, mãe de Jesus, ressaltou que a mulher em nada é inferior ao homem, que antropologicamente ambos, homem e mulher, são criaturas amadas por Deus. O que temos, vamos repetir, é que ministerialmente os trabalhos exercidos por homens e mulheres na Igreja são distintos em natureza. Mas isso não faz da mulher alguém menos importante que o homem. O Papa Bento XVI, inclusive, ao fazer a reflexão sobre o ministério ordenado, mostrou que o ato de ordenação submete o ordenado a Alguém, ou seja, ser ordenado não é mérito nem glória, mas submissão e serviço!

Há muitos outros ministérios leigos nos quais as mulheres podem exercer serviços úteis e valiosos para o bem da comunidade. É preciso encontrar esses espaços e mostrar o valor das mulheres para a vida da Igreja. E não estou falando somente daqueles serviços considerados "coisas de mulher", como cuidar da limpeza e ornamentação da igreja. Penso em mulheres que são catequistas, coordenadoras de comunidades, missionárias, agentes de pastoral, líderes comunitárias, ministras da sagrada comunhão, conselheiras e ecônomas. Mulheres cujas capacidades humanas são essenciais para a dinâmica eclesial. Não há motivos para brigar sobre o exercício do sacramento da Ordem. Cada um, na vida da fé, tem papel fundamental. São Paulo, escrevendo aos Coríntios, já nos alertava de que todos somos membros de um único Corpo, o Cristo, e cada um tem uma função para o bom funcionamento do organismo todo.

Basta lembrar quantas foram as mulheres que ao longo da história da Igreja exerceram papel fundamental no cotidiano das comunidades, sem que necessitassem ser ordenadas. Pense nas santas mulheres, como Clara de Assis, Isabel de Portugal, Teresa D'Ávila, Catarina de Sena, Madre Teresa de Calcutá, Irmã Dulce da Bahia, e em tantos outros nomes que poderiam compor a lista das mulheres imprescindíveis para que a Igreja fosse o que é hoje.

Obviamente, é preciso superar a mentalidade machista, sobretudo aquela ideia de que a Igreja depende somente de homens para existir. Quando olho a meu redor, o que vejo é a força feminina mantendo nossas comunidades vivas. Acredito, inclusive, que a Igreja deva abrir-se cada vez mais para oferecer espaço de ação pastoral para as mulheres, sem que isso signifique ter de ordená-las. Se a ordenação somente de homens faz parte de nossa tradição, encontremos formas mais modernas de inclusão da mulher, valorizando suas qualidades femininas na busca de uma Igreja cada vez mais próxima dos pequenos e abandonados. Todos têm lugar na Igreja de Jesus, basta que deixemos agir em nós o Espírito Santo, e Ele nos conduzirá com sua sabedoria.

CATEQUESE

4 É obrigatório fazer a catequese para obter a Primeira Comunhão? Tenho 35 anos e não fiz a catequese quando criança. Quem eu devo procurar e o que devo fazer para começar a comungar? (Flaviana – São José do Rio Preto/SP)

Como é bom saber que ainda há pessoas preocupadas com a sacralidade do Santíssimo Sacramento da Eucaristia. Em um mundo marcado por tantos descasos e abusos contra a religião, ouvir alguém se interessar pela fé e querer melhorar sua vida religiosa causa-me comoção e alegria. Ainda bem que o Espírito Santo move seu coração nessa direção, em um mundo onde tantos cristãos e cristãs afastam-se do altar. Mas vamos a sua dúvida.

Não gosto muito da palavra "obrigatório" quando pensamos em religião. Pode parecer algo impositivo ou fazer da fé um ato externo de necessidades práticas. Fé é adesão, compromisso pessoal e comunitário. Deve nascer do desejo de pertencer a um grupo – a Igreja – e fortalecer-se pelo exercício diário da oração e pela vivência dos valores do Evangelho. Por isso eu não diria que é obrigatório, mas é necessário que a pessoa batizada, adulta ou criança, aprenda o que significa "comungar". Nesse caso, a catequese é uma oportunidade única de crescimento humano e espiritual.

Entretanto, segundo o *Código de Direito Canônico* (cân. 912), "um adulto que queira comungar, contanto que tenha consciência mínima do ato que pretende realizar, acredite na força divina da Eucaristia e não esteja em delito grave, pode comungar mesmo que não tenha feito a catequese formal".

É sempre bom que o adulto, que queira comungar, busque fazer uma catequese específica, mesmo que não seja necessária. Imagino que, se um adulto procura a comunhão, sem nunca antes ter se aproximado dela, mais do que comungar, ele mostra o desejo de conhecer melhor a religião católica. E toda catequese tem o objetivo de nos ensinar as coisas da fé. **Catequese não é cursinho de verdades ou teorias, mas transmissão de vida e experiência religiosa.**

A palavra "catequese" significa literalmente "fazer ecoar", ou seja, quando catequizamos alguém, estamos fazendo ecoar nessa pessoa a Palavra de Jesus Cristo e a força de seu Evangelho. Por isso, nas comunidades, os catequistas não são professores, mas são exemplos de fé para as crianças. O catequista deve ser uma pessoa que amadureceu na fé, que compreendeu e assumiu os valores cristãos na própria vida, que dá testemunho do Evangelho com suas ações cotidianas. Alguém que é comprometido com a causa do Reino e se coloca a serviço de sua construção.

A Igreja entende que a semente da fé deva ser plantada desde a mais tenra idade no coração dos batizados, por isso promove a catequese infantil. Mas existem hoje a possibilidade e a necessidade da catequese para adultos. Cada dia mais encontramos pessoas que não receberam, enquanto crianças e jovens, o anúncio da fé. Talvez por negligência dos pais, ou por falta de oportunidade, muitos são aqueles que crescem alheios aos ensinamentos básicos da religião católica. E, se os adultos que não têm vida de Igreja desejam conhecer as verdades da fé, é hora de buscar a catequese. Não é vergonha nenhuma ser catequizado depois de mais velho. Muito melhor aprender do que repetir ao longa da vida os infantilismos da fé!

Se você já é adulto e deseja ser catequizado, procure o padre da paróquia mais próxima de sua casa – ou o padre da paróquia que costuma frequentar – e busque saber se aí existe catequese para adultos. Se houver, é hora de fazer a preparação para a Primeira Comunhão. Toda catequese irá recordar o que você já sabe e ensinará coisas novas. A catequese nos ajuda a conhecer outras pessoas que também começaram a viver intensamente a fé. O adulto, cercado de outros que também estão em busca de Jesus, não se sentirá sozinho e envergonhado. Somente uma boa catequese o ajudará a aprender o verdadeiro significado da Eucaristia.

E quais são os ensinamentos centrais para uma catequese de adultos?

– Descobrir Jesus como Único Senhor.
– Buscar arrepender-se do mal feito.
– Deixar-se conduzir pelo Espírito de Deus.
– Conhecer os testemunhos dos que nos precederam na fé.
– Celebrar os sinais de vida, os sacramentos, especialmente fortalecer o amor pela santa missa.
– Viver em comunidade, conforme o ideal dos Atos dos Apóstolos (At 2,32-47).

Mais do que uma obrigação cristã, ou um gesto de receber um pedaço de pão consagrado, a comunhão é o sacramento central da vida do seguidor do Cristo, porque o insere na dinâmica da salvação e da união pessoal com Jesus. Estar preparado para esse encontro com Jesus na eucaristia será razão clara e eficaz para que os efeitos desse amor gerem frutos concretos em nossa vida.

BATISMO

5 Por que escolhemos padrinhos para batizar uma criança? Quem pode ser padrinho ou madrinha de um batizado? (Carlos José – Aparecida/SP)

> O santo **Batismo** é o fundamento de toda a vida cristã, a porta da vida no Espírito e a porta que abre o acesso aos demais sacramentos. Pelo Batismo somos libertados do pecado e regenerados como filhos de Deus, tornamo-nos membros de Cristo, somos incorporados à Igreja e feitos participantes de sua missão: *"Baptismus est sacramentum regenerationis per aquam in verbo,* ou seja, o Batismo é o sacramento da regeneração pela água na Palavra" (*Catecismo da Igreja Católica* 1213).

Com essas palavras afirmamos, antes de tudo, que o Batismo é sagrado, único, indelével.

Escolhemos padrinhos e madrinhas de Batismo, pois a Igreja sabe que esse sacramento é o primeiro entre todos os sinais que abrem ao ser humano as portas das promessas de Deus. Assim, pela importância e significado desse momento, a Igreja reconhece que quanto mais pessoas estiverem juntas para auxiliar o crescimento espiritual da criança, muito melhor! Padrinhos são pais espirituais, geram afilhados para a vida em Cristo!

Claro que os primeiros responsáveis pela educação religiosa dos filhos são os pais, tarefa que eles assumiram desde o momento em que se casaram. Mas considerando que nem sempre a criança que será batizada tem pais que seguem com fidelidade a fé cristã – muitos hoje nem são casados na Igreja –, entram em cena os padrinhos, que, por isso mesmo, precisam suprir a carência espiritual que porventura apresentem os pais.

Padrinhos são testemunhas de fé para a vida do afilhado e se propõem a ajudá-lo a crescer na fé e no amor de Deus. Padrinhos não existem para oferecer favores nem vantagens, mas para oferecer carinho, presença de Deus e colaboração na educação espiritual dos afilhados. Para muitas pessoas os padrinhos tornam-se segundos pais e, às vezes, são muito mais que os pais sanguíneos. Não deveríamos escolher padrinhos somente por amizade ou familiaridade, mas ter em conta aquelas pessoas que são verdadeiramente cristãs, que têm vida eclesial e estão em sintonia com a dinâmica da comunidade.

Algumas dicas podem ajudar na escolha de padrinhos de Batismo:

a) Não escolha padrinhos pelo fato de eles terem condições financeiras boas, pensando simplesmente em vantagens materiais. Escolha para padrinhos pessoas de fé, que valorizam a comunidade e têm uma vida honesta e digna. Certamente, esses serão verdadeiros faróis em sua vida e, na hora das dificuldades, poderão auxiliá-lo a vencer os desafios.

b) Padrinhos precisam ter vida cristã exemplar, participação na comunidade. Isso significa que devem ser batizados, crismados e, se forem casados, espera-se que tenham recebido o sacramento do Matrimônio. Ora, se o padrinho irá ser o educador para a fé, ele mesmo precisa ter vida de fé condizente com aquilo que deseja transmitir ao afilhado.

c) Muitos escolhem padrinhos mais jovens, que nem sempre são casados, mas podem ser dois amigos da família, dois irmãos, enfim. Também, nesse caso, padrinhos devem estar em sintonia com sua comunidade.

d) Dado que o Batismo é o sacramento da iniciação na fé cristã católica, fica claro que não podemos escolher padrinhos que não sejam batizados na Igreja ou que não tenham religião.

e) Muitos escolhem parentes e familiares para padrinhos. É um costume correto e válido. Mas que tal aproveitar a oportunidade do batizado e ampliar os laços de amizade com pessoas que não sejam exatamente familiares? Isso amplia nosso círculo de amizade, expande as possibilidades do crescimento humano e cristão da criança.

Faz parte da preparação para o Batismo o chamado "cursinho". Muitos reclamam, acham desnecessário e até querem questionar essa exigência. Mas convenhamos: sendo o Batismo um momento crucial para a vida do cristão e considerando que nem sempre os pais e padrinhos estão suficientemente esclarecidos sobre seu sentido, custa gastar algum tempo para fazer uma pequena revisão de nossa vida de fé? No cursinho de Batismo serão recordadas as verdades da fé, o sentido do Batismo, a beleza desse sacramento e até mesmo serão esclarecidas questões práticas para o dia da celebração.

> O Batismo é o mais belo e magnífico dos dons de Deus. Chamamos-lhe dom, graça, unção, iluminação, veste de incorruptibilidade, banho de regeneração, selo e tudo o que há de mais precioso. Dom, porque é conferido àqueles que não trazem nada; Graça, porque é dado mesmo aos culpados; Batismo, porque o pecado é sepultado nas águas; unção, porque é sagrado e régio, como aqueles que são ungidos; iluminação, porque é luz irradiante; veste, porque cobre nossa vergonha; banho, porque lava; selo, porque nos guarda e é sinal do senhorio de Deus (São Gregório Nazianzo).

VOCAÇÃO

6. As pessoas que se consagram a Deus, como padres e freiras, são mais amadas por Deus do que as pessoas que são casadas? (Paulo Henrique – Uberlândia/MG)

Que boa pergunta para nos motivar a falar sobre vocação. Você deve ter ouvido muitas vezes a palavra "vocação" e de como Deus nos chama para estar com ele, vivendo, cada um de nós, um caminho único e pessoal de realização na vocação para a qual Deus nos convocou. Mas talvez ainda não tenha se dado conta da importância dessa palavrinha em sua vida cristã. Eis por que essa pergunta pode nos ajudar, de novo, a falar sobre vocação.

VOCAÇÃO: DEUS QUE CHAMA E SER HUMANO QUE RESPONDE, NA LIBERDADE E NO AMOR!

Todos nós e cada um de nós somos vocacionados de Deus. Ele não chama somente uns e esquece outros, ele chama de modo especial cada um dos homens e mulheres, ainda que para cada um Deus ofereça uma oportunidade única e exclusiva de viver essa vocação. Não há chamados idênticos, assim como não há vidas idênticas. O que há é experiência de Amor de Deus para conosco. Ele nos ama a todos, ainda que, em seus mistérios, Ele pareça ocupar-se mais com os que mais necessitam de amor e estão afastados dele. Pelo menos foi o que Jesus nos ensinou na parábola da ovelha perdida.

> "Que vos parece? Se um homem possui cem ovelhas e sucede que uma delas se desgarre, não deixará ele as noventa e nove na montanha para ir à procura da que se desgarrou? Assim vosso Pai que está nos Céus não quer que nenhum desses pequeninos se perca" (Mt 18,12.14).

Por isso é errado e sem sentido imaginar que uma pessoa consagrada, religioso ou religiosa, ou um homem ordenado, diácono, padre, bispo ou até mesmo o papa, seja mais santo ou tenha mais amor do que aqueles que seguiram sua vocação matrimonial. O que existe aqui são modos diferentes de vida para seguir o ensinamento de Jesus e não privilégios de amor. Deus não olha títulos ou currículos, Deus olha o coração. E quando entendemos isso, passamos a amar nossa vocação, seja ela leiga, matrimonial, religiosa ou ordenada.

Jesus Cristo nos ensinou que a única coisa que Deus pode fazer em relação a nós é nos amar com amor infinito. Esse amor Ele o derrama sobre todos de maneira justa. Encontraremos pela vida casais exemplares, assim como encontraremos religiosos amargos e fechados ao amor de Jesus. O amor de Deus é sempre constante, nós é que nem sempre correspondemos a esse amor. Nós mesmos nos fechamos a esse amor, preocupando--nos demais com nossos próprios interesses.

Talvez seja preciso repensar as posturas da vida e perceber melhor a presença de Deus. Isso vai exigir conversão de vida. E não pense que ser amado por Deus signifique não ter problemas ou sofrimentos. Eles vão continuar conosco, porque são parte da história de cada pessoa.

Assim, que fique bem claro, **padres e freiras não têm privilégios diante de Deus**. Deus não olha méritos nem opções de vida. Para ele toda vocação é importante. Aqueles que estão designados para o trabalho da Igreja de maneira mais direta têm mais responsabilidade e não mais privilégios. Padres e freiras também têm seus sofrimentos e dores. Como diz a canção, *"cada um sabe a dor e a delícia de ser o que é"*. Nosso Deus não faz distinção de pessoas. O que Ele faz é preocupar-se mais com quem mais precisa. Ele busca a ovelha perdida, está do lado dos pecadores e mais excluídos. Deus está sempre ao nosso lado, amando-nos gratuitamente com amor infinito. Pense nisso e reencontre o amor de Deus que está aí ao seu lado.

VOCÊ SABIA...

... que a Igreja reconhece alguns tipos de vocações específicas, dadas como presente ao povo de Deus? Assim, podemos dizer que na Igreja o Espírito Santo vai suscitar:

a) *Vocação leiga:* homens e mulheres que, vivendo no mundo e com ele se relacionando, são presença de Deus nos ambientes seculares; leigos e leigas podem ser chamados tanto a constituir uma família como a permanecer solteiros pelo Reino de Deus.

b) *Vocação matrimonial:* o vínculo sacramental que une o homem a sua esposa é muito mais do que uma atração natural. O amor entre duas pessoas, que as conduz ao matrimônio e a constituição de uma família, é vocação divina.

c) *Vocação religiosa:* chamado divino para alguns homens e mulheres, que deixam tudo o que têm, posses e família, para se unirem a Deus em algum projeto específico de vida cristã, geralmente fazendo votos, como o de pobreza, obediência e castidade. Aqui entram os religiosos, as religiosas, os missionários e missionárias, as novas comunidades, monges e monjas, freiras, freis etc.

d) *Vocação Sacerdotal Ordenada:* chamado divino feito a determinados homens, que, de acordo com a disposição pessoal e acolhida da Igreja, se tornam ministros ordenados, sejam diáconos, padres ou bispos.

e) *Vocação missionária:* um tipo especial de chamado, que pode ser dado tanto aos leigos como aos casais e ministros ordenados, nos quais a ação do Espírito Santo move os corações para iniciativas mais ousadas de seguimento de Jesus, como missões populares ou mesmo missões *Ad Gentes* (em outros povos e nações).

VOCAÇÃO

7. Ser padre é profissão ou vocação?
(Rita de Cássia – Bambuí/MG)

Já perdi as contas de quantas vezes eu já ouvi essa pergunta e isso mostra que as pessoas têm ainda algumas dúvidas sobre o que seja vocação. Acabamos de falar que todos somos vocacionados (ver pergunta número 6). Vou completar aquela resposta com mais algumas notas sobre o sentido da vocação dentro da Igreja Católica.

Toda vocação é chamado de Deus para viver de acordo com certo estilo de vida. Para nós cristãos, a maior vocação, o mais belo chamado de Deus é estar vivo como ser humano. Depois somos chamados para ingressar na Igreja. Só depois é que teremos de descobrir nossa vocação específica na comunidade, que é constituir família pelo matrimônio, ser padre, religioso ou religiosa, ou mesmo permanecer solteiro. Em cada uma dessas opções de vida fazemos uma proposta de vivê-las durante toda a vida. **Vocação é um estado de vida, não uma atividade que eu possa assumir e abandonar quando quiser.** Infelizmente, pela fraqueza do homem e força do pecado, existem casais que se separam e padres que "deixam a batina", mas isso não é o desejo de Deus. O ideal sonhado por Deus é que todos possam viver sua vocação durante toda a vida.

Outra coisa são as profissões. Uma pessoa pode sentir-se atraída a exercer determinado ofício e fazer desta opção o modo humano de tocar sua vida, seja para o sustento ou pelo prazer do ofício. Melhor será quando uma profissão trouxer tanto prazer quanto for capaz de sustentar a pessoa em suas necessidades práticas. Profissões são escolhidas por aptidão, pelas necessidades do mercado ou mesmo por causa de influência da família. Alguns aprendem seus ofícios com os próprios pais, em casa. Outros buscam as universidades e escolas técnicas. E um ser humano que queira ter dignidade social e sustentar a si próprio e aos seus precisa desenvolver alguma atividade laboral. Pessoas que não trabalham, ou que vivem sugando os outros, estão perdendo a oportunidade de construir seu caráter humano e cristão. Assim exorta o Apóstolo São Paulo, de maneira direta e contundente:

> "Se alguém não quiser trabalhar, também deixe de comer" (2Ts 3,10).

Com isso, creio que podemos compreender que profissão e vocação são coisas distintas. Vocação é opção existencial, é o modo como você decidiu passar pelo mundo como cristão. Profissão é atividade laboral e, ainda que exija aptidão, chega a hora de aposentar. Sem contar que é possível mudar de uma profissão para outra, durante a vida, sem que isso signifique uma alteração de seu projeto de construção de seu ser pessoal. Existem até mesmo os chamados popularmente "testes vocacionais" para ajudar os jovens a decidir suas profissões. Na verdade, são testes de aptidão, que buscam conhecer as facilidades e dificuldades de cada um, não são testes existenciais. Vocação é dom de Deus!

Por isso, até mesmo um padre pode exercer certas profissões. Eu, por exemplo, sou padre e trabalho como executivo da comunicação. Quantos padres são advogados, professores, médicos, arquitetos, pedagogos, enfim, podemos encontrar muitas profissões entre aqueles que têm como vocação a vida sacerdotal ou religiosa. O mesmo acontece com os casais e com os leigos. A vocação fundamental – ser esposo e esposa, por exemplo – não depende da profissão escolhida. Toda e qualquer profissão alcança a aposentadoria. Por mais que amemos nosso trabalho chega a hora do descanso. Mas aposentadoria do casamento não existe, assim como não existe aposentadoria sacerdotal. Podemos parar e diminuir o ritmo das atividades que exercemos, mas não podemos abrir mão da vocação que Deus nos deu. Profissão e vocação não se confundem. São coisas distintas.

É digno de nota, já que muitos têm curiosidade, que todo padre secular tem direito a receber, de acordo com as determinações de sua (arqui)diocese, as côngruas eclesiásticas (salário) para seu sustento. Ainda que ser padre não seja uma profissão, as atividades eclesiais sempre foram remuneradas, afinal um padre precisa de sustento para viver. O Direito Canônico é quem rege os modos e as possibilidades de remuneração de um clérigo (padre, diácono e bispo). Os padres do clero religioso, em razão do voto de pobreza, geralmente mantêm um caixa comum para despesas pessoais e comunitárias. Também encontramos no Código de Direito Canônico que padres têm direito a férias e previdência social, afinal ninguém é de ferro!

PARA VOCÊ EXERCITAR O APRENDIZADO

Procure o padre de sua comunidade, ou algum padre que você conheça, e descubra quais aptidões profissionais ele tem. Você vai se surpreender com as respostas. Acho até que pode encontrar coisas curiosas, como padres cozinheiros, caminhoneiros, médicos, artistas, psicólogos, músicos. A vivência correta e digna da vocação sacerdotal, o atendimento atencioso ao povo de Deus e o zelo pela Igreja não estão em desacordo com a possibilidade do exercício, muitas vezes pelo bem da pastoral, de alguma atividade profissional ou artesanal por parte de um padre.

CATEQUESE

8. **Por que colocamos as imagens dos santos que se quebram ou outros objetos religiosos nos cruzeiros à beira das estradas ou nos cemitérios? (Eronilson – Lorena/SP)**

Essa pergunta me recordou minha infância e as visitas ao cemitério de minha cidade. Eu não entendia por que as pessoas levavam tantas imagens quebradas, terços e outros objetos religiosos para os pés daquele velho cruzeiro no centro do campo santo, mas achava bonito aquele montão de imagens todas reunidas ali. Depois entendi o respeito que as pessoas têm pelas imagens dos santos e de nossa Senhora e esse respeito as leva a não jogar fora esses objetos, mas sim dar a eles um lugar de repouso tranquilo. É claro que não há razões reais para não desfazer de imagens de outra forma, como enterrando ou mesmo jogando em água corrente, afinal imagens nada mais são do que representações materiais de santos.

Devemos respeitar os santos, mas isso não significa zelo absurdo por imagens. Elas são importantes, mas não são o santo. Não creio que seja superstição colocar as imagens em pés de cruzeiros, seja ou não dentro de cemitérios. E não se preocupe se você tiver de se desfazer de imagens quebradas de outra forma. Isso não é pecado não. Apenas a enrole num jornal ou outro papel e desfaça-se do objeto. E tenha certeza de que não é a pessoa do santo ou Maria que você manda embora, mas apenas uma imagem de gesso ou madeira. O importante é fazer com que a imagem seja a lembrança da presença de Deus em sua vida. A presença divina não é a imagem, mas o amor de Deus reconhecido na vida dos santos e de Nossa Senhora, representados em imagens e quadros.

Mas essa conversa me provoca a refletir, de novo, sobre o valor das imagens para a vida do povo católico. Talvez seja o assunto que mais dá margens a nossos irmãos evangélicos para nos questionar e atacar nossa religião. Sobre isso já devem ter sido escritos centenas de livros, mas nunca é demais pensar sobre esse tema.

Possivelmente, algum evangélico já provocou você ao afirmar que a Bíblia proíbe fazer imagens e que quem faz imagens comete idolatria. De fato, trechos da Antiga Aliança são contundentes ao afirmar que ninguém pode fazer imagens de Deus ou adorar um deus que seja materializado de alguma forma.

Vejamos o tradicional trecho do livro do Êxodo 20,4-6, no qual se lê:

> Não farás para ti ídolos ou coisa alguma que tenha a forma de algo que se encontre no alto do céu, embaixo na terra ou nas águas embaixo da terra. Não te prosternarás diante desses **deuses** e não os servirás, porque eu sou o SENHOR, um Deus ciumento.

Como esse, encontraremos muitos outros trechos na Bíblia, especialmente no Antigo Testamento, que condenam as imagens e ídolos que possam representar Deus ou deuses. Essa proibição judaica pré-cristã é coerente e representa uma verdade teológica, assumida mais tarde pelo catolicismo: **nenhuma imagem é capaz de representar Deus**. O Senhor – Deus Pai Criador, Deus Trindade – deve ser amado e adorado em Espírito e Verdade, nas palavras de Jesus Cristo.

Mas quem disse que um católico faz imagem de Deus? A sabedoria do catolicismo está justamente em ensinar as pessoas a amar Deus e Jesus Cristo pelo uso das imagens. Jamais representamos Deus, mas sim as pessoas, homens e mulheres, que nos inspiram a chegar até Deus. Uma imagem de um santo ou santa é apenas uma "fotografia" representativa de alguém que viveu de acordo com o Evangelho de Jesus, que escolheu Deus como tesouro de sua vida, que foi caridoso e praticou os ensinamentos de Cristo.

Mesmo quando representamos Deus como um velho com barbas brancas, ou o Espírito Santo como uma pombinha branca, não estamos com isso fazendo uma imagem para ser adorada ou idolatrada. Apenas fazemos representações poéticas das realidades divinas, afinal é óbvio que Deus não é um velhinho de barbas brancas e longas e que o Espírito não é um passarinho. Veja que essas imagens foram usadas pelos evangelistas para contar a história de Jesus.

Vejamos dois exemplos:

a) Quando Jesus conta a parábola do Pai misericordioso, que perdoa o filho pródigo que saiu e gastou tudo e voltou arrependido, vemos diante de nós a imagem do senhor de barbas brancas abraçando cada um de nós. Deus aqui é representado pelo pai que tem misericórdia! (Lc 15,11-32).

b) No dia do Batismo de Jesus, no rio Jordão, vemos os evangelistas usarem a imagem de uma pombinha, que desce do Céu e paira sobre Jesus, como sinal do Espírito de Deus compondo ali a cena envolvendo a Trindade Santa, Pai no Céu, o Filho nas águas e o Espírito em forma de pomba, pairando sobre ele. Imagens para nos ajudar a entender a história da fé, só isso! (cf. Mc 1,9-11; Mt 3,16-17; Lc 3,21-22).

Ou seja, é muito humano e normal usar símbolos e imagens para representar as realidades divinas, sem que isso signifique que estamos **adorando** as imagens. *O sentido de adorar, proibido na Bíblia, é o de substituir nossa fé em Deus, que é um só, por outra realidade divina que ocupe o lugar dele.* Nesse caso, algum católico acha que um santo ou santa ocupe o lugar de Deus?

Ao contrário, um santo, representado numa imagem, é um convite para que nós também sejamos santos e não um "concorrente de Deus". Todo santo é uma seta a nos apontar para o Céu, a provocar em nós o desejo de ser melhores, e por nossa fé, na comunhão dos santos, todo homem e mulher, santificados em Cristo Jesus, pode ser um auxiliador (intercessor) nosso diante de Deus. **Quando veneramos um santo, e entre eles a veneração de particular carinho com a Mãe de Jesus, estamos na verdade buscando forças para amar a Deus sobre todas as coisas!**

Mas é preciso reconhecer que nosso povo, culturalmente formado pelo chamado catolicismo popular, nem sempre tem sido coerente em viver uma fé enraizada na Palavra de Deus e, por vezes, exagera no modo como venera os santos e santas. Purificar a fé exige conversão e aprendizagem, e devagar a Igreja vai esclarecendo qual é a verdadeira forma de culto que os santos e santas merecem de nossa parte.

Por isso, quando uma imagem se quebra, com todo respeito, podemos e devemos descartá-la e, obviamente, substituí-la por outra, que volte a compor os oratórios que gostamos de fazer em nossas casas. Não tenha escrúpulos em se desfazer de uma imagem. Vou repetir: a imagem é apenas uma "fotografia", um sinal material que deve ajudar o olhar de nossa fé chegar ao Céu e render graças a Deus. O importante é a pessoa por detrás da imagem, quem ela foi e porque mereceu ter sua imagem retratada e venerada. Conhecer a história do santo ou santa de sua devoção pode ajudar você a estar mais perto de Jesus e dos ensinamentos do Evangelho.

SACRAMENTOS

Só as pessoas que estão no leito de morte é que podem receber a Unção dos Enfermos?
(Regina Pereira – Casa Branca/SP)

Nosso povo tem mesmo muitas dúvidas a respeito da religião. Nunca é demais esclarecer essas questões que passam pelas nossas cabeças, afinal perguntar não ofende! Vamos lá então. A unção dos enfermos é um dos sete sacramentos da Igreja e como todos os outros eles mostram a presença invisível da graça de Deus na forma de sinais visíveis. No caso da Unção dos Enfermos, a matéria usada é o óleo que foi abençoado na Quinta-feira Santa pelo bispo diocesano. A pessoa recebe a unção nas mãos e na fronte, ou até mesmo em outros lugares, de acordo com o costume da região.

Antigamente, esse sacramento era chamado de Extrema-Unção e isso acabou por relacioná-lo ao momento da morte da pessoa. Mas essa ideia já foi superada. A renovação litúrgica do Concílio Vaticano II trouxe esta nova perspectiva teológica: **a Unção dos enfermos não é sacramento de morte, mas de vida e recuperação.** As bases teológicas para a Unção dos Enfermos são profundamente bíblicas (Mc 6,13). E da carta de São Tiago retiramos a mais antiga forma de cuidado com os que estão sofrendo:

> Alguém entre vós está doente? Mande chamar os presbíteros da Igreja para que orem sobre ele, ungindo-os com óleo em nome do Senhor. A oração da fé salvará o doente e o Senhor o porá em pé (Tg 5,13-15).

Qualquer pessoa enferma, mesmo que não corra risco de vida, e qualquer pessoa com mais de sessenta anos podem receber esse sacramento. Em algumas paróquias, inclusive, esse sacramento é celebrado até uma ou duas vezes ao ano, durante uma eucaristia especial para idosos e enfermos, na qual eles recebem a Unção. Como sacramento ele gera vida e não morte. E um idoso ou doente podem receber o sacramento da Unção todos os anos, sem nenhum problema.

Ah, convém lembrar mais uma coisa: Ainda que possamos ungir sacramentalmente uma pessoa no momento da enfermidade e da velhice, o ideal é que a pessoa receba esse sacramento na hora da morte, da agonia final. Mas se isso não acontecer, seja por causa de morte repentina ou mesmo pela ausência de um padre, não pense que Deus vai ficar chateado ou que a pessoa não será acolhida por Ele. O sacramento pretende ajudar na recuperação da pessoa e não somente garantir a eternidade. Sacramento não é mágica.

Na verdade, o sacramento da Unção dos Enfermos vem acompanhar os seres humanos no momento mais frágil da vida, a velhice e a doença. Somos humanos e a fragilidade da carne será inevitável. O Cristo, que nos acompanha pela vida, quis também oferecer um bálsamo espiritual para o momento final da existência: pela ação da Igreja, sacramento de Cristo, os batizados podem sentir-se amparados até no momento da morte. O sacramento da Unção dos Enfermos nos liga ao Cristo, que se despojou de tudo, até mesmo de sua vida, para nos resgatar (Fl 2,5-11). Ou como diz São Paulo aos Colossenses: "Eu me alegro profundamente em meus sofrimentos por vocês e vou cumprindo em minha carne o resto das aflições de Cristo por seu corpo, que é a Igreja" (Cl 1,24).

Para a Unção dos Enfermos a Igreja prescreve um ritual específico e nesse, durante o ato mesmo da unção com o óleo consagrado, o padre ou bispo dizem as seguintes palavras:

> "Por esta santa unção e por sua infinita misericórdia, o Senhor venha em teu auxílio com a graça do Espírito Santo, para que liberto de teus pecados, Ele te salve e, em sua bondade, alivie os teus sofrimentos".

Veja que a oração da Unção recorda tanto a cura corporal como a cura espiritual, ao pedir a misericórdia de Deus pelos pecados da pessoa que é ungida. É um carinho especial de amor no momento que precederá nossa entrega no colo de Deus. A Igreja, que acolheu a criança nas águas do Batismo, acolhe também o batizado na hora da dor e da morte. Vive sua vocação missionária de ser, para os homens e mulheres de todas as partes, o sinal vivo do amor de Cristo pela humanidade!

10. A passagem do povo judeu, que passou a pé enxuto pelo Mar Vermelho, narrada no livro do Êxodo, é um fato histórico ou uma simbologia?
(Maria Isabel - Fortaleza/CE)

Eis uma típica pergunta sobre os fatos narrados na Bíblia. Primeiro é preciso perceber que essa pergunta tem um fundamento bíblico interessante e que a pessoa em dúvida já tem um bom conhecimento da Palavra de Deus. Se fosse uma pessoa que simplesmente lê a Bíblia com olhar fundamentalista, essa pergunta jamais teria sido feita, já que os fundamentalistas acreditam que tudo o que está escrito na Palavra de Deus deve ser interpretado literalmente. O que não é verdade, já que é preciso ler o texto, o contexto e as entrelinhas de todo texto bíblico. Deus se revela muito mais pelo que está escondido do que por meio daquilo que está exposto diante de nossos olhos.

Perguntar sobre a Bíblia não é pecado nem vergonha. Em matéria de religião, nunca estaremos completos. Cada dia, o imenso tesouro que é a Palavra de Deus nos mostra coisas novas, e quanto mais mergulhamos na Bíblia mais compreendemos como Deus é maravilhoso em nos amar e socorrer. Vamos então olhar a passagem do Livro do Êxodo, no Antigo Testamento, em que Moisés e o povo, diante do Mar Vermelho, são auxiliados por Deus e atravessam a pé enxuto esse obstáculo, marcando definitivamente sua libertação.

A palavra Êxodo já é um sinal do que estamos lendo nessas linhas. Essa palavra significa saída, deixar um lugar em busca de outro, possivelmente melhor. O Povo de Deus estava no grande êxodo, ao sair do Egito em busca da Terra Prometida. Mas essa saída não seria tranquila. Ela foi marcada pelos obstáculos naturais do deserto e pela inconstância humana. No fundo, o Êxodo do Povo de Deus é símbolo dos nossos êxodos, de nossa vida, já que nós também caminhamos neste mundo em busca da eternidade prometida.

E entre tantos obstáculos que o Povo de Deus precisou enfrentar, o maior e mais significativo foi o Mar Vermelho. Ali, diante daquela imensa quantidade de água, o povo se viu pequeno, acuado, incapaz de continuar sua caminhada. O Mar Vermelho era o tudo ou nada da libertação: ou atravessava-se ou seriam de novo aprisionados. O Mar Vermelho é o local da decisão fundamental da vida, seguir adiante ou voltar para uma vida de escravos?

Esse obstáculo geográfico foi real, afinal se olharmos o caminho percorrido pelo Povo, que saiu do Egito e chegou a Israel, vamos notar que eles precisaram passar por esta porção de água. E eles passaram. Mas cruzar o Mar Vermelho significa muito mais do que cruzar um trecho geograficamente intransponível. É aqui que entra a sabedoria do Povo de Deus.

> Moisés estendeu a mão sobre o mar. Com um forte vento leste a soprar a noite toda, o Senhor repeliu o mar e o pôs seco. As águas se fenderam e os filhos de Israel entraram no meio do mar a pé enxuto... (Êx 14,21).

A grande lição dessa passagem é a seguinte: Deus está a nossa frente em todos os momentos, sobretudo quando os obstáculos são maiores. Humanamente, seria impossível cruzar o mar rumo à liberdade, mas Deus provou que para aquele que confia nenhuma barreira é intransponível. Ao entregar a fraqueza humana nas mãos de Deus, Ele age e salva. Aquilo que parecia impossível se torna possível graças à ação de Deus.

Mas esse fato aconteceu ou não? É preciso dizer que todos os fatos da Bíblia aconteceram, mas não podemos afirmar que foram exatamente como são narrados. Afinal, a Bíblia chegou-nos pela tradição oral e quem conta um conto, aumenta um ponto! Temos que afirmar que houve uma dificuldade muito grande na saída do povo do Egito para buscar a terra prometida e essa dificuldade foi vencida. Assim, o povo reconheceu que somente Deus poderia tê-lo ajudado. E para afirmar a onipotência de Deus, a dificuldade assumiu proporções grandiosas. Deus é capaz de tudo, inclusive de abrir o Mar para que o povo fosse ao encontro de sua liberdade.

Há quem diga que o povo aproveitou um momento de maré baixa para atravessar uma região pantanosa na divisa entre Egito e Oriente. Outros afirmam que houve confusões de tradução do hebraico e o mar Vermelho não era o mar que conhecemos, mas algum lugar de difícil acesso que foi vencido pela persistência do povo. Talvez a hipótese do terreno alagado e pantanoso explique por que os carros dos egípcios atolavam e não iam adiante! Mas isso não é o mais importante. O que importa aqui, nesse trecho, é saber **que Deus age em favor do povo. Está ao nosso lado quando precisamos, mesmo que diante de nós esteja algo que humanamente seja impossível de transpor. Deus vai nos ajudar, basta confiar!** Ele não é um Deus distante, mas um companheiro de jornada.

PARA VOCÊ PENSAR E REZAR

Em sua vida, já houve momentos em que você se deparou com o **"Mar Vermelho"**, ou seja, momentos em que você não sabia para onde ir, nem como seguir adiante, e que sentiu agindo em você a força de Deus para ajudá-lo a seguir em frente com coragem? Pense sobre isso, reze a agradeça a Deus que em nenhuma situação abandona você!

CATEQUESE

11 Praga e mau-olhado são verdadeiros? Os católicos devem acreditar nisso?
(Sônia – Jacupiranga/SP)

Somos humanamente herdeiros de vastíssimas tradições culturais, construídas ao longo do desenvolvimento da humanidade, desde seus primórdios. A antropologia, ciência que estuda os seres humanos, mostra que nossos ancestrais, no começo de seu aprendizado sobre as coisas que os cercavam, tinham um modo muito peculiar de lidar com as forças da natureza e, de alguma forma, já que não podiam explicar certas realidades naturais, foram criando um relacionamento místico com a natureza e com suas forças – chuvas, raios, ventos, estações do ano –, enfim, com tudo o que é natural e que hoje sabemos de certa forma compreender.

Passados tantos milênios desde que deixamos a vida primitiva, hoje, o homem consegue compreender muito mais seu entorno do que no começo de nossa aventura por este planeta. Ainda assim, essas marcas instintivas ancestrais são parte de nossa genética e, às vezes, deixamos de lado o racional para apoiar-nos em nossas emoções e instintos mais primitivos. Aqui entra nossa mania de recorrer a superstições e crendices para explicar o que não conseguimos entender racionalmente. Mas é preciso entender que esses comportamentos são apenas reflexos de nossa incapacidade de explicar tudo e não devem ser cultivados nem fazer parte da vida de ninguém.

Anote aí dois bons motivos para não acreditar em crendices, superstições e coisas semelhantes:

1) Essas realidades não são racionais, apenas refletem nossa incapacidade de entender a totalidade das coisas, e acabamos por inventar respostas para problemas para os quais ainda não temos as respostas corretas.
2) Para a pessoa que tem fé em Deus, para o batizado, essas crendices e superstições são contrárias à fé no amor de Deus, que cuida de nós e nos ampara; o que é real é o amor de Deus não as crendices que estão em nossas cabeças.

Nosso país, como você sabe, é formado por muitos povos de diversas culturas diferentes. Brancos, negros e índios misturaram seu sangue. Essa mistura formou essa grande nação brasileira. E mais do que mistura de sangue, esse relacionamento de muitas raças uniu tradições e culturas. Isso faz com que nosso povo seja muito religioso, mas ao mesmo tempo tenha muitas superstições e manias que nada têm de evangélicas ou cristãs. Exemplo disso são as crendices populares, como pragas e mau-olhado e tantas outras espalhadas por aí. Imagine se todas essas crenças funcionassem mesmo, seria impossível viver uns com os outros. Nem preciso dizer que para os católicos essas coisas são absurdas. Não é possível acreditar em Deus que nos ama e achar que existem gestos mágicos que nos podem causar mal. Mágicas são espaço da ficção, dos filmes de bruxas e feiticeiros, não fazem parte da vida real nem devem causar-nos medo. Bobo quem acredita nessas coisas!

O que causa o verdadeiro mal para as pessoas são nossas atitudes concretas, nosso mau humor e nossa falta de solidariedade. Esses sim são gestos que podem machucar o ser humano e magoá-lo. O que destrói o ser humano não são gestos mágicos, mas gestos concretos de injustiça e corrupções. A verdadeira praga humana é o egoísmo e a falta de bondade. E contra essa praga só mesmo a conversão para Deus. Assim, em vez de gastar tempo ensinando crendices aos filhos, use esse tempo para ensiná-los a amar a Deus e respeitar o próximo. Tenho certeza de que desse modo eles nunca vão praguejar contra ninguém nem mesmo desejar o mal para seus semelhantes.

MAS E AS BENZEDEIRAS?

As tradições religiosas de nosso povo sempre encontraram espaço para o reconhecimento da força espiritual e curativa nas orações de muitos homens e mulheres do povo, chamados benzedores ou benzedeiras. Essas figuras populares, pela simplicidade e sabedoria de vida, e invocando a força de Deus, são esperança na vida das pessoas, que diante de certas fragilidades as procuram para uma oração e uma palavra de conforto.

É preciso cuidado com o charlatanismo, e um modo simples de perceber isso é ver se a pessoa que vai rezar com você e por você faz isso de maneira gratuita. Quem pede dinheiro para fazer uma oração vai contra o ensinamento de Jesus. Procure saber se são pessoas de fé, instruídas no amor de Deus, cristãs. Cuidado para não cair nas mãos de pessoas que não professam a fé católica e que querem apenas confundir você.

Digo com clareza: passe longe de adivinhos, cartomantes, feiticeiros, enfim, fuja dessas pessoas que querem ter consigo o poder de Deus, dizendo que podem resolver as coisas para você de maneira mágica. Fuja de espiritismo, magia, cartas, búzio, simpatias, tarô, enfim, de toda essa parafernália que não serve para nada.

Quando falamos aqui das benzedeiras, penso nas pessoas que são da Igreja, honestas e dignas, que têm, por especial vocação, a capacidade de acolher e abençoar na hora da dor. Pessoas que agem em nome de Jesus Cristo! **A Igreja é totalmente contra essas espécies de feiticeiros modernos que dizem poder controlar sua vida e que pedem dinheiro para ajudar você.** Abra o olho, meu irmão, e fuja dessas ciladas!

Rezar uns pelos outros é muito bom; nós devemos fazer isso, e a oração tem força para nos libertar. Mas repito: isso não pode ser visto como um gesto mágico. Rezar é dialogar com Deus e pedir a Ele que cuide de nós. As benzedeiras são instrumentos de amor quando colocam Deus em primeiro lugar, quando rezam com o coração puro diante do Senhor e quando acolhem com carinho os que fragilizados procuram sua assistência. O resto é charlatanismo e depõe contra a fé.

CATEQUESE

12 **Por que fazemos promessas ou novenas a Nossa Senhora e aos santos? É certo ter esse tipo de atitude religiosa? (Maria Inês – São José dos Campos/SP)**

Fazemos novenas e promessas, porque acreditamos que nossa oração e nossa disposição em melhorar podem nos ajudar a superar os obstáculos da vida. Tudo o que fazemos com o objetivo de seguirmos com mais qualidade o caminho de Jesus Cristo tem seu valor. Mas fazer promessas ou novenas com o objetivo de barganhar coisas com Deus, ou com Nossa Senhora e os santos, criar uma relação de *toma lá, dá cá* com as pessoas sagradas é no mínimo ter uma religiosidade infantil e imatura. O verdadeiro cristão deve entender muito bem o sentido de uma novena e de uma promessa.

Deus nos concede gratuitamente tudo o que precisamos. Não podemos obrigar Deus a nos atender nem querer que Ele faça nossa vontade. Ao contrário, aprendemos com Jesus Cristo, na oração do Pai-nosso, que é preciso que seja feita a vontade de Deus acima de todas as coisas.

Seja feita a Vossa vontade, assim na terra como no Céu.

Assim, rezar, fazer novenas ou recitar o terço não pode ser atitude interesseira, mas de extrema gratuidade. Rezamos para agradecer, para entrar em sintonia com o Senhor, para nos comprometer com o Evangelho de Jesus. Ele mesmo nos ensinou a rezar sempre, sem cessar. E nos deu o exemplo. Muitas vezes, no Evangelho, encontramos passagens nas quais vemos Jesus retirando-se para lugares desertos para rezar.

> "De madrugada, no escuro da noite, Jesus levantou-se e saiu, retirando-se para um lugar deserto; ali ele orava" (Mc 1,35).

Rezar é a experiência mais bonita da fé. E qualquer forma de oração tem seu valor. Cada um precisa descobrir seu jeito, seu horário, suas formas de rezar. O importante é rezar, reservar tempo para a oração, estabelecer relacionamento filial com Deus, em Jesus Cristo pelo Espírito Santo.

Novenas estão entre uma das maneiras de rezar. Marcar no tempo, nove dias, ou nove semanas, para ter um encontro privilegiado com Deus é muito bom. Ajuda-nos a ter compromisso com as coisas sagradas, faz-nos ser constantes na vida da fé e nos obriga a pensar nas coisas de Deus. Fazer novenas é coisa sagrada, mas cuidado para não manipular sua oração, querer ligar sua novena necessariamente a uma resposta imediata de Deus. Reze com o coração aberto e deixe a resposta nas mãos de Deus. Ele sabe o que é melhor para nós.

Quando tentamos domesticar Deus, corremos o risco da revolta e da descrença. Quando pensamos que Deus vai ter de nos atender e isso não acontece do jeito que imaginávamos ou queríamos, corremos o risco de pecar contra a santidade de Deus. Vamos rezar repetindo sempre: "Seja feita a Vossa Vontade".

As novenas são momentos de intenso clamor ou agradecimento e não podem converter-se em negócio espiritual. Faça novenas para pedir ou agradecer, mas não exija ser atendido. Reze antes para dialogar com Deus e não para obrigá-lo a ouvir seus clamores. Deus e seus santos sempre nos socorrem nos momentos difíceis, com ou sem novenas. Basta ter fé e confiar. Devemos rezar e rezar muito. Mas em nenhuma ocasião façamos de nossa oração um comércio com o sagrado. É preciso rezar com o coração aberto e disponível. Afinal, tudo é graça de Deus!

Já as promessas são feitas para agradecer a Deus, a Nossa Senhora e aos santos algo recebido. Nosso povo criou um mecanismo de relacionamento imediato com Deus. Costumamos aceitar que, se pedimos algo, precisamos agradecer. E as promessas são esses agradecimentos. Infelizmente, ainda temos pessoas que acham que promessas são trocas que fazemos com Deus. Oferecemos algo em troca de uma graça. Isso é enganoso e ruim! Não podemos negociar com Deus nem com os santos. Tudo o que recebemos é graça. Não tem preço.

Por isso, **não faça promessas absurdas nem pense que pode comercializar milagres. Isso não é atitude cristã**. No máximo, ao pedir graças, ofereça orações em agradecimento ou mesmo algum gesto concreto de solidariedade com os mais necessitados ou com alguma obra social. Quantas vezes eu já atendi pessoas desesperadas porque fizeram promessas absurdas, que não conseguirão cumprir? Uma promessa não vale pelo tamanho do sacrifício, mas pela entrega de amor. Deus não precisa de nada, apenas quer ser amado.

Quando devotarmos algo a Nossa Senhora ou aos santos, façamos o oferecimento da vida, da conversão, da oferta generosa aos mais pobres. E ouso dizer que você não precisa prometer nada concreto. Comprometa-se apenas em ser um cristão melhor, mais santo, mais fraterno, honesto em suas atividades cotidianas, respeitoso com a família e amigos. De que vale prometer mundos e fundos para os santos e ser uma pessoa amarga, egoísta e cheia de vícios?

SACRAMENTOS

13 O que significa viver a "castidade no matrimônio"? (Isabel Cristina – Maceió/AL)

A vida matrimonial é um dos presentes mais bonitos que recebemos de Deus. Sacramento da família, da integração do masculino com o feminino, símbolo da relação de Cristo com a Igreja. O matrimônio, apesar de toda a propaganda que a mídia faz para destruí-lo, desponta no mundo como um sinal de que é possível viver em harmonia com o próximo e com Deus. Matrimônio não significa festas, vestidos ou cerimônias pomposas, mas opção vocacional de vida. Os detalhes do dia do casamento podem e devem ser pensados com carinho, mas não serão eles que vão garantir a felicidade do casal.

Para constituir família a pessoa precisa ser chamada para isso. Entregar-se inteiramente à outra pessoa, pelo sacramento do matrimônio, é uma das mais fascinantes aventuras da vida. Será preciso carinho, perdão, silêncio, bondade, paciência. Será preciso, em outras palavras, amar constantemente a pessoa que Deus colocou em seu caminho e que você, na liberdade, escolheu como cônjuge. Casamos para fazer o outro feliz e, quando entendemos de fato essa inspiração do casamento, somos herdeiros da felicidade.

Mas a Igreja fala em castidade também para os casais. Como assim? Ora, **castidade não significa ausência de atividade sexual, mas integração correta da sexualidade humana, constituindo o lado corporal e espiritual do homem numa unidade.** Castidade é a vivência da sexualidade de modo saudável para a pessoa e para o próximo. Supõe unidade e não dualidade. A pessoa casta tem domínio de si e de seus desejos numa opção livre de vida. De certa forma, cada cristão, que entendeu que seu corpo "é templo do Espírito Santo", luta por viver uma vida casta diante de Deus.

Disso brota o ensinamento da Igreja sobre a vida sexual do cristão. Idealmente, como modo de louvor e respeito ao Senhor, uma vida sexual ativa deveria ser somente permitida aos casais depois de contraírem o sagrado matrimônio. Jovens solteiros, ainda que desejem corporalmente a companhia de outros, devem ser orientados a ter paciência e viver seu desenvolvimento sexual de modo íntegro, por causa da fé.

Talvez isso pareça estranho, afinal estamos no mundo, onde tudo é permitido. Não quero aqui dizer que ter relações sexuais antes do matrimônio seja ou não moralmente errado, mas o fato da popularização da vida sexual ativa entre jovens e adolescentes não muda o sentido do respeito ao outro que a Igreja tanto ensina. Cada um é livre para fazer de seu corpo o que bem entender, mas a Igreja, por sua experiência de fé, seguirá convidando os jovens cristãos para que se guardem até o matrimônio. Quando um jovem entende o sentido da castidade cristã, ele não se sentirá deslocado do mundo, caso resolva abster-se de uma vida sexual até a hora certa para isso.

Padres, religiosos e religiosas também são chamados à castidade, como sinal visível da adesão absoluta a Deus, chamada celibato. Ou seja, mais do que viver harmonicamente sua sexualidade, esses consagrados escolhem para si não terem vida sexual ativa. Aqui entram duas coisas, a sexualidade sadia e a opção de não ter contato físico-sexual ativo com outras pessoas. A castidade assumida em Cristo, no caso desses consagrados, significa também aceitar a opção do celibato.

Viver a castidade, você já percebeu, é muito mais do que não fazer sexo. Por isso é que no matrimônio a pessoa também pode viver a castidade, seja no respeito pelo cônjuge, seja na realização de uma vida sexual plena e realizadora. Ser casto não é abster-se das relações sexuais. A relação sexual entre o homem e a mulher, de acordo com o desejo de Deus, é parte fundamental do Matrimônio. Mas ser casto significa viver essa relação com plenitude. Se houver, no matrimônio, sinais de infidelidade, prostituição, pornografia ou de violência sexual entre os esposos, não há castidade. Mas se há amor, respeito, desejo de gerar filhos, então o matrimônio está sendo vivido na castidade. Para o casal que deseja a plenitude em Deus, a cama conjugal reveste-se da sacralidade que permeia o altar na hora da ceia eucarística. A cama é tão sagrada para um casamento como o altar é sagrado para a vida de um padre!

Termino com um trecho de uma homilia de **São João Crisóstomo*** sobre a beleza do casamento cristão e a força da castidade matrimonial, que une os cônjuges no árduo exercício de se santificarem mutuamente. Diz o santo que o homem recém-casado deveria assim dizer a sua amada:

> "Tomei-te em meus braços, amo-te, prefiro-te à minha própria vida. Porque a vida presente não é nada, e meu sonho mais ardente é passá-la contigo, de maneira que estejamos certos de não sermos separados na vida futura que nos está reservada".

---

* PARA SABER MAIS

São João Crisóstomo, cujo nome significa "boca de ouro", recebeu esse apelido por causa de sua capacidade de falar de Deus de modo claro e compreensível. Deixou-nos belíssimas homilias e escritos que atravessam o tempo pela serenidade e coerência com que tratou os mistérios cristãos. João Crisóstomo dizia que o valor do homem consiste no conhecimento exato da verdadeira doutrina e na retidão da vida. Essas duas coisas precisam caminhar juntas: o conhecimento deve traduzir-se em vida.

CATEQUESE

14 **Quando sonhamos com pessoas que já morreram, devemos pedir para que se reze uma missa por sua alma? (Roberto Luiz – Cruzeiro/SP)**

Antes de responder à pergunta acima, que tal falar um pouco sobre o sentido da missa para a vida do cristão? Participar de uma missa é sempre bom, independentemente do motivo que nos leva a celebrar a fé. Aliás, para participar da Eucaristia não deveríamos esperar motivos excepcionais, senão o fato de que, como cristãos, ir à missa e celebrar a fé é um direito dado, é momento de recordar a Paixão, Morte e Ressurreição de Jesus, ouvindo a Palavra de Deus e comungando seu Corpo e Sangue. A celebração da Eucaristia é a mais completa e bonita oração que podemos viver em nossa vida de fé. Ela é o centro e o ápice da vida cristã.

Por ser um momento tão especial, gostamos de recordar as pessoas que amamos durante a missa, assim gostamos de oferecer uma missa por nossas conquistas humanas e até mesmo pedir pelo êxito de nossos sonhos durante uma celebração eucarística. Não é à toa que temos missa de formatura, de ação de graças pelas bodas matrimoniais, missas nas festas dos santos padroeiros, missa de cura e libertação, enfim, nosso coração pode enumerar uma centena de razões pelas quais queremos rezar durante a Eucaristia.

Uma missa será sempre momento de bênçãos e de união da comunidade. Tudo isso são intenções que depositamos espiritualmente no altar, ou seja, colocamos aos pés de Jesus Cristo. A Igreja entende que essas intenções, presentes em uma missa, enriquecem nosso sentido de comunidade e nos aproximam de Deus. O que garante tudo isso? A Eucaristia é um encontro pessoal e comunitário com Jesus Cristo, e nesse encontro oferecemos nossa vida. Nada que fazemos, sonhamos ou esperamos é alheio ao amor de Jesus por nós. Por isso tudo se torna razão de ação de graças no altar!

Entre tantos tipos de intenções possíveis de se colocar no altar em uma missa, a Igreja sempre dedicou especial atenção à missa que recorda os nossos entes já falecidos. Rezamos pelos mortos e, ao rezar por eles, recordamos a história daqueles que nos precederam e foram importantes para nós. Missas de sétimo dia, por exemplo, são muito comuns e fazem parte de nossa experiência de fé.

Bom, nesse ponto creio que estamos prontos para responder à pergunta feita lá em cima: quando sonhamos com alguém falecido, temos de pedir uma missa por essa pessoa? Que fique claro que não existe nenhuma relação direta entre o sonho e a missa, ou seja, **não é necessária uma missa por alguém com quem sonhamos**, mas, se o coração e a saudade apertarem e houver um desejo de oração por esta pessoa, nada impede que se coloque o nome dela em uma celebração. Será um ato de agradecimento. O que quero dizer é que a pessoa que morreu, e com a qual sonhamos, não está "usando" nosso sonho para pedir uma prece, como muita gente corre o risco de imaginar! Rezamos por amor ao nosso ente falecido, não o fazemos por mera obrigação!

Muitos estudiosos pelo mundo afora buscam entender qual a função do sonho em nossa vida. Existem muitas teorias sobre sonhos, umas sérias e outras totalmente descartáveis. A verdade é que se eles existem devem servir para alguma coisa! Até mesmo na Bíblia, muitas vezes, o sonho é invocado como um meio de Deus comunicar-se com os seres humanos. Recordemos José do Egito, que caiu nas graças do Faraó porque conseguiu decifrar os sonhos do soberano egípcio (Gn 41,14ss), ou de José, esposo de Maria, que recebeu em sonho a missão de zelar paternalmente por Jesus Cristo (Mt 1,20-25). Hoje em dia, a teoria mais aceita entre os especialistas é a que afirma que os sonhos são o jeito que nosso cérebro encontra para organizar as experiências do dia a dia. Depois de um dia de muitas atividades, quando dormimos, nosso cérebro aproveita para colocar em ordem as coisas que aconteceram. Fica na memória aquilo de que precisamos. Outras coisas ficam armazenadas no subconsciente.

Sonhos são modos oníricos pelos quais nosso cérebro organiza nossas ideias e sentimentos. Falam muito de nós mesmos. Obviamente, na tarefa de organizar tudo o que passou pela cabeça durante a vigília, o cérebro, no repouso do sono, abandona os canais da lógica e da razão e dá vazão aos mecanismos das imagens desconexas. Mas nelas estão contidas tudo o que foi percebido acordado. Coisas desse órgão ainda tão desconhecido chamado cérebro, que tem seu jeito único de trabalhar.

Entretanto devemos evitar retirar dos sonhos significados mágicos. Sonhos são apenas sonhos! Dizem algo de nós, por vezes até nos dão respostas, que acordados não conseguimos captar. Na sequência quase sempre ilógica dos sonhos pode haver muito do modo como entendemos a vida. Nós somos um pouco daquilo que nossos sonhos nos revelam. Assim, **sonhar com pessoas que já faleceram pode ser uma forma de se lembrar desses entes e amigos queridos! Mas isso não significa que eles estejam usando nosso sonho para pedir orações ou estejam passando por alguma provação, após a morte.** Possivelmente, se você sonhou com alguém falecido é porque em suas memórias essa pessoa ocupa lugar especial e, durante o sonho, seu cérebro acabou buscando essas lembranças como forma de confortar você e aplacar sua saudade.

Repito que rezar pelos falecidos é um costume da Igreja Católica desde seu início e cultivado com muito zelo. Iluminada pela tradição bíblica e histórica, nós cremos que é possível orar por aqueles que já estão ao lado de Deus, como forma de homenagear sua memória e fazer presente essa pessoa em nossa vida. A missa pelos falecidos é um reconhecimento de amor dos vivos em favor de seus entes queridos.

Em uma missa pelos falecidos não só a família, como toda a comunidade, agradece a Deus a vida vivida e pede que Ele acolha com carinho aqueles que já foram a seu encontro. Infelizmente, muitas pessoas pedem para rezar missas pelos falecidos, mas nem aparecem na Igreja. Fico pensando se a memória do ente falecido está mesmo sendo feita! Essas pessoas entendem a missa como algo mágico, que vai colaborar com o morto em seu encontro com Deus. Estão enganados, ao menos em uma parte, já que o grande sinal de uma missa por um ente falecido é na verdade a possibilidade de aproximar os vivos para que se solidarizem uns com os outros. Rezamos pelos mortos para que aprendamos a viver melhor!

IGREJA

15 Como é feita a eleição de um novo Papa?
(Maria Tereza – Vinhedo/SP)

O povo católico tem muito carinho pelo Papa. Acho que por dois motivos: primeiro porque o Papa é um sinal visível da unidade da Igreja; depois porque nos sentimos, todos, acolhidos por Jesus na figura desse pastor. E a Igreja, desde longa data, sabe que é muito importante ter uma pessoa que faça esse elo com o povo católico. A tradição nos diz que o primeiro Papa foi Pedro e por isso dizemos que todos os outros papas que sucederam o pescador Pedro são seus sucessores. Uma linha contínua – a sucessão apostólica – que permanece até hoje.

QUEM É O PAPA?

Ele é o Bispo de Roma e sucessor de Pedro (Mt 16,18-19). É o chefe de toda a Igreja. Está acima de todos os bispos (Apóstolos). Ele legisla para toda a Igreja por meio de Bulas, Encíclicas e Decretos. Jesus fez de Pedro o fundamento visível da Igreja. O bispo de Roma, sucessor de Pedro, é a cabeça do colégio dos bispos e o Pastor da Igreja Universal. Dizemos que ele tem um cargo vigário, pois está no mundo como representante de Cristo. Possui três funções: é chefe de Estado do Vaticano, é o bispo de Roma e Chefe da Igreja Católica.

O modo de fazer a eleição de um papa sofreu mudanças durante a história. Os primeiros chefes da Igreja eram escolhidos pelo povo, entre aqueles que demonstravam maiores virtudes e amor pela fé. Mas desde o ano 1179 a eleição está nas mãos dos cardeais. Esses homens, escolhidos pelo papa, são responsáveis por escolher, entre eles, aquele que será o novo pastor da Igreja. Todo cardeal com menos de oitenta anos tem direito de votar e ser eleito Papa.

QUEM SÃO OS CARDEAIS?

São geralmente bispos de importantes dioceses do mundo, mas canonicamente padres ou diáconos podem ser escolhidos cardeais. Os cardeais são escolhidos pessoalmente pelo Papa e formam o Colégio dos Cardeais. São responsáveis pela assessoria direta ao Papa na solução das questões organizativas e econômicas da Santa Sé, na coordenação dos diversos Dicastérios (os "ministérios" do Vaticano). São também os responsáveis pela eleição do novo Papa. A reunião dos cardeais se chama Consistório.

Quando morre o Papa (ou mesmo quando o Papa renuncia, como o recente caso do Papa Bento XVI), os cardeais formam um Conclave, ou seja, uma reunião fechada, na qual elegem o próximo líder. O conclave acontece desde longa data dentro da Capela Sistina, no Vaticano. A tradição consiste no seguinte: os cardeais discutem e conversam entre si, reunidos na Capela Sistina. Seguindo ordem pré-estabelecida, cada um dos cardeais com direito ao voto toma sua posição e deposita seu voto em uma urna. Depois de contados e recontados, os votos são queimados. A fumaça desses votos é que vai sinalizar publicamente se um Papa foi ou não eleito. Enquanto da chaminé sair fumaça preta, a eleição ainda não terminou. Assim que a eleição termina, uma fumaça branca é avistada na chaminé. Com esse sinal o povo católico sabe que um novo Papa foi escolhido. Graças aos meios de comunicação, na eleição dos últimos pontífices, o mundo todo tem podido acompanhar essa eleição e saber da novidade em tempo real.

A apresentação do novo Pontífice é precedida pela alocução do protodiácono cardeal – o mais velho cardeal da ordem dos cardeais diáconos – que pronuncia com força: *"Habemus Papam"*, ou seja, temos um novo Papa, um novo pastor. Imediatamente, o novo Papa faz sua primeira aparição pública, devidamente paramentado para a ocasião, e profere suas primeiras palavras. Alguns dias depois é feita a missa para a posse formal do Papa no trono de Pedro.

Texto lido na apresentação de um novo Papa:

Latim	Tradução portuguesa
Annuntio vobis gaudium magnum; *Habemus Papam:* *Eminentissimum ac reverendissimum Dominum,* *Dominum (nome do Cardeal eleito),* *Sanctæ Romanæ Ecclesiæ Cardinali (sobrenome do cardeal),* *Qui sibi nomen imposuit (nome escolhido como Papa).*	*Anuncio-vos uma grande alegria;* *Temos um Papa:* *O eminentíssimo e reverendíssimo Senhor,* *Senhor (nome do cardeal eleito).* *Cardeal da Santa Igreja Romana (sobrenome do cardeal),* *Que se impôs o nome de (nome escolhido como Papa).*

VOCÊ SABIA...

Que o termo "cardeal" vem da palavra latina *cardo/cardinis*, que significa "eixo"? Inicialmente, esse título eclesiástico era atribuído genericamente a pessoas ao serviço de uma igreja ou diaconia, reservando-se mais tarde aos responsáveis das igrejas titulares de Roma e das igrejas mais importantes da Itália e do mundo. Hoje, os cardeais são responsáveis pela eleição do novo Papa. São chamados "príncipes da Igreja" ou "purpurados", uma vez que as cores de suas vestes talares são vermelhas.

SACRAMENTOS

16. O que é confissão geral? Em que ocasião se faz esta confissão e quantas vezes?
(Maria Fabrício – Brasília/DF)

A confissão é o nome popular do sacramento da Penitência e Reconciliação. Mas de fato a confissão é apenas uma parte do processo de reconciliação. Primeiro, o pecador reconhece internamente seus erros, decide redimir-se, faz um exame de consciência, procura um padre para a confissão auricular – ao pé do ouvido – e recebe a absolvição, que deve ser seguida por um gesto de penitência e louvor a Deus que o acolheu e perdoou.

O Sacramento da Penitência e Reconciliação é possivelmente um dos que mais sofreu mudanças ao longo da história do cristianismo. Nas origens das comunidades cristãs, entendia-se esse sacramento com muito rigorismo e, assim como o Batismo, o fiel só podia procurá-lo uma vez na vida. Isso fazia com que muitos deixassem para fazer a confissão das culpas somente no leito de morte e seguiam pela vida com a carga dos pecados a pesar sobre a consciência.

Na Idade Média passaram a vigorar as ideias de penitência vicária, ou seja, o penitente, ao receber as penas cabíveis a seu delito e impossibilitado de cumpri-las, já que geralmente eram extremamente rigorosas, delegava, mediante algum pagamento, a penitência a algum monge ou religioso, que devia cumprir para ele pena estabelecida. Também na Idade Média entraram em ação as indulgências e a possibilidade de negociar penitências em troca de alguma vantagem econômica. Erros teológicos que infelizmente fizeram parte de nossa história, mas que já estão sepultados no passado.

Graças ao esforço dos teólogos e diante da necessidade da reforma completa do ritual da Penitência e Reconciliação, temos hoje uma belíssima compreensão do sentido desse sacramento: ele é um sacramento de cura interior, de libertação espiritual, por isso mesmo, aos pecadores é dada a possibilidade de buscá-lo, ao longo da vida, quantas vezes for necessário. Suprimiu-se aquela força da penitência e valoriza-se hoje a intenção do penitente em não mais cometer determinados pecados. Superou-se a relação matemática entre pecado e penitência, e descobriu-se que o confessionário pode e deve ser um ambiente de confidencialidade entre penitente e confessor, buscando a superação do mal e a abertura a uma nova vida.

Mas por causa dessas circunstâncias históricas, ainda hoje muitos cristãos desconhecem o sentido maravilhoso que está por trás desse sacramento. Por muito tempo as pessoas foram orientadas a chegar diante do padre e acusar seus erros e pecados. O confessionário era um tribunal de culpas e por isso muitos ainda têm medo de participar desse sacramento. Esse clima de culpa e castigo reinante em uma teologia sacramental incorreta e incompleta reflete nos tempos atuais, e de todos os sacramentos a Penitência é a que mais causa estranheza a nosso povo. Temos de reaprender a confessar e buscar o perdão de Deus.

A Reconciliação Penitencial é um momento de profunda graça de Deus. No confessionário o padre é como um médico, muito mais do que um juiz!

A Igreja ensina dois tipos de confissão: aquela feita em particular, chamada auricular, porque é feita ao pé do ouvido, e a confissão comunitária, feita sempre num rito próprio, sempre em comunidade. Ambas têm validade e são corretas. O que não podemos é, por medo de aproximar do padre, fazer somente confissões comunitárias. Infelizmente, na maioria das vezes, os grandes vilões do sacramento da reconciliação são os próprios padres, que nunca encontram tempo para atender seus fiéis!

A confissão comunitária precisa ser feita diante de algumas regras e sempre com a autorização do bispo local. Geralmente, a razão para confissões comunitárias é a dificuldade do padre de atender todos os paroquianos. A Igreja também pede ao fiel cristão, mesmo fazendo a confissão comunitária, que esse procure ao menos uma vez ao ano fazer uma confissão particular com o padre. É dever cristão que colabora com o crescimento espiritual e comunitário.

Outra coisa: sempre que fazemos algo errado, fazemos algo que prejudica alguém. Nenhum pecado é simplesmente interior ou desligado da vida. Por isso a Igreja pede que a confissão seja feita com o líder da comunidade, padre ou bispo! Não adianta dizer: "Eu me confesso diretamente com Deus". O valor do sacramento é restaurar os laços humanos da comunidade. Por isso, é para alguém da comunidade a quem recorremos. Deus perdoa, mas quer que sejamos honestos com as pessoas que estão a nosso lado. Sabemos que não é o padre, em si mesmo, quem perdoa o pecado, mas é Cristo, que agindo por meio dele nos reconduz ao amor de Deus. E ao confessar, o fiel pode ouvir algum conselho, receber uma orientação espiritual, sentir-se abraçado pela comunidade Igreja que o acolhe.

DICAS QUE PODEM ORIENTAR VOCÊ A FAZER UMA BOA CONFISSÃO

Mesmo antes de dirigir-se ao confessionário, o penitente deve reservar um tempo para o chamado "exame de consciência". Esse exercício de recordação de nossas falhas ajuda a organizar o que queremos dizer na presença do confessor. Sugerimos um simples esquema para um bom exame de consciência:

a) Como anda meu relacionamento com Deus? Tenho reservado tempo para rezar, participar da missa? Tenho colocado Deus como guia de todos os meus caminhos? Respeito as coisas sagradas? Tenho reservado tempo para ler e meditar a Palavra de Deus?

b) Como anda meu relacionamento comigo mesmo? Tenho cuidado de meus desejos e paixões? Tenho respeitado meu corpo e buscado ter pensamentos positivos? Preocupo-me demais com o exterior e tenho esquecido de cultivar meu lado espiritual? Como me relaciono com os bens materiais? Sou muito consumista? Tenho vícios?

c) Como anda meu relacionamento com as pessoas? Tenho sido caridoso, honesto, educado? Tenho evitado fazer das pessoas objeto de meus desejos e conversas? Tenho evitado os sentimentos de inveja, orgulho, raiva, maledicências? Procuro ajudar os mais necessitados? Tenho cultivado preconceitos contra as pessoas? Sou fiel em minhas alianças, humanas e profissionais?
d) Como anda meu relacionamento com a natureza? Tenho cuidado do planeta? Economizo água e energia? Separo lixo para reciclagem? Cuido das plantas e animais? Tenho explorado a natureza de modo irracional, somente pensando no lucro?

Veja que um bom exame de consciência vai muito além daquilo que normalmente consideramos pecado, sobretudo supera a ideia de que pecados são situações ligadas somente com as questões de ordem sexual. Sugiro que antes de se confessar você reze, medite, vasculhe sua consciência e procure trazer à tona os vícios que o impedem de crescer espiritualmente.

CATEQUESE

17 O Carnaval é uma festa aceita pela Igreja Católica?
(José Aparecido – Londrina/PR)

O ser humano sempre gostou de festas, para agradecer a vida e as coisas boas que recebia. Festejar, sair da rotina, criar ambientes que sejam diferentes dos espaços de trabalho faz parte do modo humano de dar sentido para a vida. Toda festa é marcada pela espontaneidade, pela alegria, pela liberdade.

Quando pensamos em Carnaval, temos de voltar ao passado para entender a origem desse tempo de liberdade e alegria. Já entre os gregos, nos tempos antigos, havia festas muito parecidas com o Carnaval. Eram as festas dionisíacas, ou seja, festas feitas em honra ao deus Dionísio, que era o deus do vinho. Nessas festas as pessoas se divertiam e chegavam ao exagero da embriaguez! Em Roma, essas festas eram também muito comuns e também homenageavam o deus romano do vinho, chamado Baco. Daí a origem de uma outra palavra que mexe com nosso pudor – bacanal! Outros ainda relacionam o Carnaval à herança das antiquíssimas festas pagãs realizadas entre 17 de dezembro (os Saturnais – em honra a deus Saturno, na mitologia grega) e 15 de fevereiro (os Lupercais – em honra a deus Pã, na Roma Antiga).

De qualquer modo, essas festas pagãs, em sua origem, sempre foram regadas a vinho, permissividade sexual e muita comida! Mas esse comportamento não escandalizava ninguém, pois esse era o espírito dessa festa. E obviamente não havia ainda nenhum tipo de moral cristã que pudesse ser padrão para o questionamento desses exageros!

Há quem diga que o Carnaval de hoje em dia tem suas raízes nessas festas antigas. Alguns antropólogos reconhecem que os festivais dionisíacos e os bacanais romanos devam estar na origem do espírito do Carnaval, já que a marca desses dias de festa seguem sendo a liberalidade diante das imposições morais do cotidiano.

Quando as primeiras comunidades cristãs foram formadas em Roma já encontraram uma sociedade marcada por esse tipo de festas. Os cristãos, marcados pelo amor de Deus e pelo respeito absoluto às coisas sagradas, passaram a negar os exageros, tanto de bebidas, quanto de algazarras e libertinagem sexual. Para o cristão, a verdadeira festa era a celebração da Vida de Jesus e não momentos passageiros de euforia. O choque cultural entre pagãos e cristãos foi inevitável.

Aos poucos, os cristãos, que eram minoria nas sociedades, foram ocupando os lugares de destaque e as celebrações das festas, antes pagãs, foram sendo assimiladas pelo cristianismo, que a elas davam novas significações. As festas pagãs, de origem popular, não sumiram do calendário, ainda que tenham sido domesticadas. Ainda assim, o espírito da festa se manteve e, em todas as sociedades posteriores, os dias de liberdade total e fuga da rotina sufocante são facilmente encontrados. Os bailes de máscaras, por exemplo, foram criados na França, no século XVII, mas rapidamente ficaram populares em outros países europeus. Durante o Renascimento, as festas carnavalescas atingiram grande popularidade, principalmente na Itália. Foram essas festividades, italianas e francesas, que aportaram no Brasil e compuseram, com nosso jeito de ser, o Carnaval brasileiro.

A palavra Carnaval parece ter origem cristã e significa **"adeus carne"**. O Carnaval, cuja data é fixada para antes do início da Quaresma, marcava o início do tempo em que era proibido comer carne. Assim, antes de começar o jejum, as pessoas aproveitavam para saciar seus apetites. Daí por que falamos que a terça-feira de Carnaval é a terça-feira gorda! Talvez hoje essa ideia de jejum na quaresma esteja um pouco fora de moda, mas antigamente era muito rígido, ou seja, o carnaval era a possibilidade de extravasar antes do recolhimento penitencial.

E hoje? Bom, os cristãos certamente brincam Carnaval! Há inclusive comunidades que participam de desfiles de Carnaval e realizam os chamados "Carnaval com Cristo". Muitas pastorais e movimentos eclesiais, as novas comunidades e as paróquias mobilizam-se para realizar o tipo de carnaval cristão, no qual estão presentes a alegria cristã, os retiros, os estudos, os encontros, a adoração ou outras experiências espirituais.

Mas é sempre bom ter cuidado com os exageros! Tudo o que é demais prejudica. Ninguém deve ser proibido de pular Carnaval, mas quando existem excessos de bebidas, drogas, libertinagem sexual não existe a presença de Deus. É bom saber que é possível se divertir sem pecar! O mau do Carnaval não está na festa em si, mas no modo como muitos encaram esses dias. Além do mais, o Carnaval já se tornou uma festa folclórica, ou seja, já faz parte da vida cultural de nosso país. Alguém duvida que o Brasil é reconhecido internacionalmente pela beleza de nossos desfiles carnavalescos?

Mas, para o cristão convicto de sua fé e que tem clareza suficiente do caminho de santidade que devemos percorrer, o Carnaval jamais será uma boa alternativa. Pular Carnaval de modo saudável exige convicção de fé e maturidade humana, pois os ambientes carnavalescos, infelizmente, podem apresentar-nos muitas situações de pecado. Expor-se a uma ocasião próxima de pecado mortal, que se poderia evitar, já é pecado mortal de imprudência, dizia Santo Afonso! Cabe a cada um saber até onde pode ir, afinal somos donos de nossas atitudes e comportamentos!

SACRAMENTOS

18. Uma pessoa não foi feliz no primeiro casamento, separou-se e no segundo casamento vive muito bem. Essa pessoa pode comungar? (José Mário – Uberaba/MG)

A separação e o segundo casamento parecem ser cada dia mais comuns na sociedade. Muitos até consideram normal que uma pessoa passe a vida experimentando novos relacionamentos a todo tempo. Na sociedade em que tudo é descartável até os relacionamentos enfrentam essa lógica. Isso não significa que temos de aceitar essa cultura de separação, uma vez que hoje em dia muitas pessoas, infelizmente, não conseguem manter um matrimônio duradouro. Fazendo uma comparação, o fato de existir muita violência no mundo não significa que vamos aceitar isso como normal ou aceitável. A Igreja preocupa-se com essas situações – das separações matrimoniais – porque entende, pela sabedoria adquirida ao longo dos séculos, que a plenitude do ser humano existe somente em situações de fidelidade mútua e compromissos com projetos de vida. A Igreja batalha e seguirá lutando pelas famílias, ainda que nem sempre seus conselhos e orientações sejam ouvidos.

O grande mal do momento social em que vivemos está em considerar que o fato de haver muitos relacionamentos que não conseguem manter a fidelidade signifique que ser fiel é um problema, uma babaquice. O discurso da mídia e de alguns grupos sociais muito bem orquestrados, e que fortemente entra em nossa casa, é que a família é coisa do passado. Hoje, tudo é possível, cada um pode e deve viver seus relacionamentos do jeito que bem entender. E nessa ânsia de encontrar-se em relacionamentos fragmentados e permissivos, o que temos criado são seres humanos tristes, solitários, frágeis, desanimados.

Obviamente, a Igreja entende que há casamentos que não têm nenhuma chance de serem mantidos com integridade e amor, mas ao mesmo tempo a Igreja pede aos casais que tenham paciência, aprendam a perdoar e que não se deixem destruir por qualquer briga ou desentendimento. Essas orientações são dirigidas especialmente aos que escolhem o sacramento do matrimônio como um caminho de santificação. Quem se casa na Igreja deve fazê-lo com a consciência de que essa decisão é um caminho marcado pela fé. O Matrimônio é uma aliança de fé, muito mais do que uma atração natural. Por isso trata-se com tanta seriedade esse sacramento. Casar na Igreja não é brincadeira!

Por isso é que a Igreja continua a pregar um Matrimônio indissolúvel e a sacralidade desse sacramento. **Dentro das normas canônicas da Igreja – ou seja, dentro da teologia que rege o sacramento do matrimônio – a pessoa que se separa e se une a outra pessoa não pode confessar nem comungar, para que se evite o escândalo da comunidade.** Se a Igreja relaxar demais, daqui a pouco as pessoas vão começar a pensar que matrimônio é uma brincadeira e que pode ser feito e desfeito por qualquer motivo. Muitos criticam a Igreja por essa decisão. Mas deve-se considerar o caráter pedagógico dessa atitude.

Em contrapartida, graças ao esforço de muitos teólogos, a Igreja vem se esforçando para refletir cada dia mais sobre a questão dos casais em segunda união. Pastoralmente, a Igreja prega a acolhida aos casais, integra-os à comunidade, oferece outras formas de comunhão cristã, enquanto se buscam alternativas para a questão da comunhão eucarística. Considere que a teologia do matrimônio cristão tem raízes bíblicas e o próprio Jesus, muitas vezes, falou de fidelidade e de união entre esposo e esposa como algo sagrado diante de Deus. A Igreja olha com carinho e amor os casais em segunda união, pois ela é a continuação de Jesus Misericordioso. Ela os olha com olhos de bondade e compaixão, como o bom samaritano diante daquele homem caído à beira da estrada (Lc 10,25-37).

Mas também é preciso afirmar que o matrimônio tem uma mensagem de amor desafiadora, mas extraordinária, da qual não se pode prescindir. Casar-se é optar por um caminho de conversão e santidade, que nem sempre será fácil ou agradável. Não se pode, na ânsia de poupar as pessoas, abrir mão da sacralidade sacramental do Matrimônio ou da Eucaristia. Simplesmente dizer que *"todos podem tranquilamente comungar, em qualquer situação"* pode distorcer o sentido mais profundo da comunhão eucarística, que exige do fiel um exercício diário de conversão.

E quais razões encontraria um casal de segunda união para participar da comunidade? Em primeiro lugar, o fato de não poder comungar não significa que a pessoa esteja isolada da comunidade ou que não seja aceita na Igreja. Ao contrário, o testemunho do casal de segunda união pode enriquecer a vida da comunidade. Depois existe a possibilidade de uma conversa sincera com o padre de sua comunidade, que, analisando a situação específica do relacionamento, chegue mesmo a permitir que esse casal assuma tarefas de relevância para a comunidade e mostre que está em comunhão tão profunda quanto aqueles que comungam. E, finalmente, a Igreja mantém a possibilidade do processo de nulidade do matrimônio anterior, feito dentro de determinados trâmites canônicos e jurídicos. A declaração da nulidade matrimonial tem sido um caminho buscado por muitos casais e muitos têm sido contemplados com a sentença positiva de poder buscar o casamento verdadeiro e legítimo.

João Paulo II proclama também em sua Exortação Apostólica *Familiaris Consortio* (84) que "com firme confiança a Igreja crê que mesmo aqueles que se afastaram dos mandamentos do Senhor e vivem atualmente nesse estado (de segunda união), poderão obter de Deus a graça da conversão e da salvação, se perseverarem na oração, na penitência e na caridade". No fim das contas, um casal cristão, que leva a sério sua segunda união, torna-se um sinal para a comunidade de perseverança na fé mesmo diante dos desafios. Assumem a cruz com Cristo e com Ele serão redimidos!

VOCÊ SABIA...

Que a Igreja tem um serviço de pastoral chamado **Tribunal Eclesiástico?**

O casal em segunda união pode e deve procurar seu pároco, conversar com ele, contar-lhe como foi o processo de separação, como era a vida antes do matrimônio, no dia do casamento, enfim, fazer uma exposição completa do relacionamento. O padre, após ouvir os fatos, orienta o casal sobre o trabalho do Tribunal Eclesiástico, que presta um serviço pastoral para a Igreja ao conduzir processos de nulidade matrimonial. Esse processo é importante para a tranquilidade e a paz do casal; é um direito do casal, pois se a Igreja declarar nulo o primeiro matrimônio, as portas se abrem para outro casamento. Atenção: a Igreja não ANULA casamentos; a Igreja, depois de estudar caso a caso, pode chegar à conclusão que NUNCA HOUVE um matrimônio válido, e então, declara-se NULO o sacramento, ou seja, ele NUNCA EXISTIU de fato como sinal sacramental.

19 Acho muito bonita a Renovação Carismática, mas considero as pessoas desse movimento exageradas no modo de rezar. Estou errada em não querer participar desse movimento? (Inês da Silva – Cruzeiro/SP)

Antes de tudo é preciso saber que o Espírito Santo faz surgir na Igreja muitos movimentos diferentes que, em seu jeito de ser, ajudam no crescimento da fé. Pense, por exemplo, no Apostolado da Oração, na Legião de Maria, nos Vicentinos, no Catecumenato, no Encontro de Casais com Cristo, nas Equipes de Nossa Senhora, enfim, são muitos e variados em espiritualidade. A Renovação Carismática Católica (RCC) é um desses movimentos da Igreja, que nasceu nos Estados Unidos na década de 1960, e apresenta uma maneira de viver a fé.

A RCC é a matriz de muitos outros movimentos – chamados de **Novas Comunidades** – que na Igreja Católica são facilmente identificados pelo estilo pentecostal de suas pregações e propostas de vida. Esses novos movimentos têm como suporte espiritual e teológico a ação do Espírito Santo, que sopra onde quer e como quer (Jo 3,8). Um dos instrumentos usados pela RCC e pelas Novas Comunidades são os meios de comunicação social – eles investem muito em programas de rádio e televisão, músicas, palestras, livros e internet.

> ## NOVAS COMUNIDADES
>
> Frutos da inspiração pentecostal, as novas comunidades assistem hoje a um rápido e expressivo crescimento, são bem aceitas pela hierarquia católica e congregam desde padres até leigos e leigas que se consagram, individual ou familiarmente, a um projeto específico de evangelização. No Brasil, temos muitas expressões de Novas Comunidades, como por exemplo Comunidade Recado, Aliança de Misericórdia, Comunidade Canção Nova, Comunidade Shalom, Obra de Maria, Fazenda Esperança, Betânia etc.

Sendo um movimento eclesial, a Renovação Carismática complementa a vida espiritual da Igreja, mas não é a melhor nem a única maneira que nós temos para expressar nosso amor a Deus. Por isso, ninguém deve ficar receoso se não consegue se "encaixar" neste ou naquele movimento. Sua vida comunitária não depende dele. Você pode viver sua religião de outros modos, contanto que conserve sempre o amor a Deus e à Igreja. Não é preciso estar ligado a nenhum movimento para viver a vida cristã na comunidade, ainda que a pertença a algum movimento de espiritualidade ajude o crescimento espiritual e cristão do fiel. Caberá a cada um, se assim o desejar, buscar o movimento espiritual que melhor responda a seu jeito de rezar e de viver o Evangelho. O importante é saber que todos esses modos de ser cristãos precisam conduzir a um elo comum – o amor a Jesus Cristo e a sua Igreja!

A Renovação Carismática mantém sua presença pastoral nas paróquias por meio dos grupos de Oração, momento de especial encontro de seus membros, que nesses encontros refletem a Palavra de Deus, rezam uns pelos outros, glorificam o Senhor por meio de preces e da oração em línguas (glossolalia). Costuma-se também incentivar o chamado "Batismo no Espírito", ou seja, uma experiência profunda de mergulho na ação restauradora do Espírito Santo de Deus. Fala-se muito e valoriza-se a presença dos dons espirituais em cada pessoa.

Por muito tempo a Renovação Carismática foi considerada um movimento meramente espiritual, de experiências místicas, isoladas da realidade. Ultimamente, graças ao amadurecimento do movimento, temos grandes ações humanas e sociais encabeçadas pela RCC no Brasil e no mundo. Entretanto, enquanto postura teológica e moral, a RCC ainda mantém um caráter conservador e, em alguns casos, atitudes fundamentalistas e moralizantes, o que nem sempre é producente. Mas é inegável o valor evangelizador da RCC. Muitos cristãos que estavam afastados da Igreja voltaram a participar da comunidade, graças ao trabalho espiritual da RCC.

Repetindo: cada movimento tem seu estilo de viver a fé. No caso dos carismáticos, esse estilo é mais expansivo, com músicas e louvores. Esse estilo de expressão da fé é chamado de pentecostal, ou seja, inspira-se na presença atuante e dinâmica do Espírito Santo. Esse estilo religioso é o mesmo adotado por muitas denominações cristãs pentecostais. Igrejas Evangélicas pentecostais estão espalhadas por todos os lugares. É claro que a RCC mantém seu elo com a Igreja Católica, pela pregação do Evangelho, pelo respeito à Tradição e ao Magistério e pela crença na intercessão dos santos e de Maria. Nesse ponto eles não se confundem com as Igrejas Pentecostais. Como disse São Paulo, escrevendo aos Coríntios, na diversidade de formas espirituais, temos de manter a unidade da fé.

IGREJA

20 Como é feita a escolha de um bispo da Igreja?
(Margarida Saraiva – Louveira/SP)

Começo esta reflexão ressaltando a importância de um bispo para a vida da Igreja Católica. Os bispos – ou epíscopos – eram os homens escolhidos pela comunidade para que as coordenassem e mantivessem unidos os membros da comunidade ao redor das verdades ensinadas por Jesus. Desde o começo da Igreja foram escolhidos homens, geralmente mais idosos e que conheciam bem a comunidade, para exercerem o ofício de coordenadores. Esses homens eram sucessores imediatos dos apóstolos, ou seja, recebiam a incumbência de zelar pela transmissão da fé de modo a evitar erros e desvios. A palavra "epíscopo", em sua origem, diz daqueles que vigiam a partir do alto. Seu papel era coordenar tudo o que acontecia na comunidade. Esses homens recebiam a ordenação sacramental para o exercício do ofício pastoral.

Cada cidade, onde havia comunidades cristãs, elegia seu bispo. Os nomes eram indicados pela própria comunidade, já que os cristãos não eram muito numerosos e os homens mais dignos eram de todos conhecidos. Esse costume, de relacionar um bispo a uma cidade, perdura até hoje, e todo bispo da Igreja Católica precisa necessariamente estar ligado a uma (arqui)diocese, da qual é titular como pastor. Obviamente, a distribuição dessas (arqui)dioceses não está mais ligada somente a uma cidade, mas geralmente um conjunto de cidades forma uma (arqui)diocese. Existem inclusive bispos que são titulares de dioceses que nem mais existem. São lugares que no passado foram cristãos e que hoje estão sob o domínio de outros grupos religiosos, mas que pela tradição e história sempre foram sedes episcopais.

Bom, como já foi dito, no começo da Igreja as comunidades cristãs escolhiam seus coordenadores, tendo como critério as qualidades morais, pastorais e humanas dos candidatos. Cabia ao bispo de Roma, ou seja, ao Papa, confirmar esse nome e administrar o sacramento da ordem no grau do episcopado. Com o tempo, os bispos passaram a ser escolhidos diretamente pelo Papa. Essa centralização da escolha dos bispos em Roma é dos assuntos polêmicos da Igreja, que suscita argumentos a favor e contrários entre os especialistas e teólogos.

Mas formalmente é assim, o Papa escolhe os bispos da Igreja ao redor de todo o mundo. Os critérios de escolha do bispo são determinados exclusivamente pela Sé de Roma e de maneira secreta. Ninguém decide ser bispo, não há cursos ou estudos para se formar um bispo na Igreja católica. Todos os bispos, para serem ordenados validamente, precisam ser nomeados diretamente pelo Bispo de Roma, ou seja, pelo Papa, que ocupa o chamado primado Petrino.

Geralmente, conserva-se o costume de buscar informações sobre o candidato, mas essa pesquisa é feita de maneira secreta por meio de consulta a alguns conhecidos do candidato. No fundo, a Igreja faz um trabalho minucioso de conhecimento da pessoa antes de ordená-la bispo, pois esse é um ministério de muita importância. O bispo é um pastor, é alguém que conhece seu rebanho, os problemas e as belezas da diocese, e sabe colocar-se na defesa dos valores cristãos e da dignidade humana.

Ainda que os critérios de escolha dos bispos sejam orientados por algumas disposições legais, o que temos mesmo são escolhas de ordem pastoral, política e até mesmo sentimental. Pela fé, acreditamos, inclusive, que o Espírito Santo atue nesse processo, afinal toda vocação na Igreja é fruto do espírito. Ainda assim, alguns passos formais são conservados:

a) O Núncio Apostólico, representante do Papa em cada país, tem entre suas funções a tarefa de levantar possíveis nomes para compor o episcopado; geralmente, ele acompanha a renúncia dos bispos idosos, está atento às dioceses vacantes (aquelas que estão sem bispo), acompanha o processo de seleção e investigação sobre os possíveis candidatos. Depois ele apresenta ao Papa esses nomes. Supõe-se que essas pessoas, após tão acurado processo, tenham condições humanas, morais, administrativas e pastorais para serem ordenadas bispos.
b) Quando se apresenta o nome de alguém para o episcopado, é feita uma investigação criteriosa sobre a vida desse candidato, com consultas pessoais e direcionadas por meio de questionários. Esse material é tratado com sigilo pela Santa Sé. Geralmente, outros bispos e padres, que conhecem o candidato ao episcopado, é que respondem secretamente esses questionários.
c) A pessoa escolhida para o episcopado pode recusar-se em assumir esse compromisso, mas o Papa também tem o direito de insistir, e até mesmo pedir com mais veemência que pela obediência a ele o candidato assuma esse ministério.
d) Além dos bispos titulares de uma (arqui)diocese, há **bispos coadjutores**, ou seja, que assumem ao lado do titular com direito sucessório naquela diocese, e **bispos auxiliares**, que se unem a algum bispo para ajudá-lo no pastoreio diocesano, mas que não tem, necessariamente, direito sucessório naquela diocese.
e) Todo bispo da Igreja Católica deve pedir renúncia do cargo ao completar 75 anos de idade, dependendo então do Papa liberá-lo de suas funções episcopais.

VOCÊ SABIA?

Que por causa de antiga tradição eclesiástica algumas ordens religiosas monásticas – abadias territoriais – têm o direito de ordenar validamente seus superiores como bispos? Esses abades têm direitos e deveres episcopais, mas sua autoridade resume-se aos muros do mosteiro. Respondem diretamente ao Papa nos assuntos relacionados com a vida de dentro da abadia. Uma abadia territorial é considerada, pelo direito canônico, uma espécie de "diocese" e tem todos os direitos e deveres de uma igreja particular (diocese).

BÍBLIA

21 Por que os evangélicos usam nas pregações mais livros do Antigo Testamento, enquanto os católicos procuram citar mais o Novo Testamento? (Luciana Mendes – Borda da Mata/MG)

Falar da Palavra de Deus e tentar vivê-la é a base de todas as denominações religiosas que se dizem cristãs. Não sei se é correto afirmar que nossos irmãos evangélicos citem mais o Antigo Testamento da Bíblia, afinal nós católicos temos em todas as missas textos retirados da revelação pré-cristã. Mas talvez sua pergunta nos ajude a refletir um pouco sobre o papel da Bíblia em nossa vida religiosa.

A Bíblia é referência imprescindível para esclarecer e iluminar as situações do cotidiano da vida, em assuntos de ordem moral e espiritual. Mas fique bem dito, no começo desta resposta, que **a Bíblia não deve ser tratada como um manual "sabe tudo"**, e nem todas as respostas que precisamos estão necessariamente ditas na Bíblia.

A Palavra de Deus não é nem nunca será um manual de ciência, de psicologia ou de qualquer outra ciência. Quem espera retirar da Bíblia respostas para todas as perguntas do mundo vai incorrer no chamado "fundamentalismo" bíblico. Por isso, as ciências teológicas nos ajudam a desvendar a Palavra de Deus, a encontrar nela o que é perene e separar aquilo que é efêmero ou meramente fruto da cultura humana.

Sendo Palavra de Deus revelada a nós, a Bíblia terá lições de vida que servem para homens e mulheres de todas as épocas. Mas sendo fruto da experiência humana, nela também encontraremos descrições e situações que são reflexo da cultura de quem a redigiu e que nem sempre conservam valor exato para os dias de hoje. Um exemplo muito claro é o modo como a Bíblia fala da relação homem-mulher. Esses textos, que muitas vezes submetem o feminino ao masculino, precisam ser compreendidos à luz de uma cultura específica e não simplesmente ser atualizados para o século XXI.

Em outras palavras, **a Bíblia não é um livro de receitas prontas, que eu posso seguir ao pé da letra e assim ter a consciência tranquila**. Ela foi escrita muitos anos atrás, numa outra cultura. O que é perene na Bíblia é a Revelação de que Deus ama a humanidade, quis estar junto conosco a ponto de enviar seu Filho Jesus para viver entre nós. Nesse ponto, evangélicos e católicos têm coisas em comum! Somos herdeiros da Palavra de Deus! Mas há que se tomar cuidado com algumas coisas: existe uma tendência muito forte entre os evangélicos em tomar a escritura ao pé da letra e assim pregar atitudes absurdas para o mundo de hoje. Esse fundamentalismo moderno pode ser razão de muitas atitudes absurdas e anacrônicas, e infelizmente algumas denominações evangélicas (e até mesmo alguns grupos católicos!) erram ao tratar o que está escrito na Bíblia ao pé da letra.

Nossos irmãos evangélicos, considerando seu modo de relação com a Palavra de Deus, parecem buscar na Bíblia referências práticas para a vida cotidiana, especialmente exemplos do Antigo Testamento. Mas esses gestos externos refletem a mentalidade do povo judeu de um período antes de Cristo, são expressões culturais de um povo completamente diferente de nós, tanto no tempo como no espaço. Detalhes como não cortar o cabelo ou não pintar as unhas não são o essencial da Bíblia! São apegos assim que impedem uma vida cristã sadia. Poderíamos dar muitos outros exemplos de como o fundamentalismo interfere na vida cristã com superficialidades. Cito aqui somente mais um exemplo clássico quando se refere ao modo como os evangélicos entendem o Antigo Testamento: a questão das imagens sagradas e a questão do dízimo. Deslocando para os dias de hoje uma mentalidade de milênios atrás, chega-se a conclusões errôneas e precipitadas.

Os católicos também leem o Antigo Testamento diariamente nas liturgias, nas missas. Faz parte da nossa experiência religiosa essa Revelação de Deus ao povo de Israel. Jamais negamos as palavras dos livros sagrados escritos antes de Jesus nascer. Mas o católico tenta compreender o Antigo Testamento como uma grande preparação para a chegada do Filho de Deus. Muito do que repetimos na Igreja Católica é fruto da compreensão do que é perene no Antigo Testamento. Mas graças ao bom Deus, os católicos aprenderam que há fatos e situações que refletem apenas o momento cultural em que o texto foi escrito.

Ao que parece, para os evangélicos, ainda existe a tentativa de converter seus fiéis por meio do medo e da imagem de um Deus austero e vingativo. Ou então se tenta converter as pessoas com a imagem de um Deus que seleciona este ou aquele para ser abençoado, enquanto outros são destinados à maldição. Essas imagens de Deus foram superadas pela revelação de Jesus Cristo. No Novo Testamento Jesus revela um Deus todo amor e compaixão. A vinda de Jesus revelou que Deus é misericordioso e cheio de bondade. Nosso Deus é o *Abbá* de Jesus, o Paizinho querido. Ama justos e injustos, e a todos dá oportunidade de conversão. Essa foi a grande novidade de Jesus: Deus não escolheu somente o povo Judeu para estar ao lado dele, mas escolheu aqueles que, de boa vontade, fazem da vida a expressão concreta da vivência do Evangelho do Amor.

Precisamos focar o que é central do ensinamento bíblico: Deus nos ama, quer nos redimir, enviou-nos seu Filho Jesus como guia em nossa caminhada espiritual, pede de nós, inspirados pelo espírito Santo, a caridade absoluta com os mais pobres e o zelo com as coisas de Deus. Quando aprendemos a separar, na Bíblia, o que não passa do que é apenas ilustrativo, estamos dando um passo na direção de compreender melhor o amor de Deus.

VOCÊ SABIA?

Que há uma pequena diferença entre a Bíblia católica e a Bíblia usada pelos protestantes e evangélicos? O Novo Testamento, que constitui o eixo e o cumprimento de toda a fé cristã, é exatamente igual, tanto para católicos quanto para protestantes, contendo os mesmos 27 livros, que vão do Evangelho de Mateus até o Livro do Apocalipse. A diferença está na lista dos livros do Antigo Testamento: para os católicos, são 46 livros; na Bíblia protestante, são 39, pois estes não aceitam como inspirados os livros de Tobias, Judite, Sabedoria, Eclesiástico, Baruc, Carta de Jeremias e os dois livros dos Macabeus, além de partes dos escritos de Daniel e Ester.

CATEQUESE

22. Na oração do terço existe a famosa jaculatória: "Livrai-me do fogo do inferno". Existe mesmo fogo no inferno? (Simone Santos – Guarapari/ES)

Hoje, vamos falar sobre a realidade do inferno. O inferno é um dos temas que compõe a teologia dos "Novíssimos", ou seja, um dos assuntos que estão relacionados com o término da vida humana, incluindo aqui temas como Morte, Juízo, Céu e Purgatório. A teologia pré-conciliar dedicava muito tempo para falar sobre esses assuntos que, em última instância, são assuntos de fé. Os mistérios relacionados com a morte podem e são iluminados pela reflexão bíblico-teológica, mas ainda assim serão sempre temas com os quais lidaremos a partir da fé. Hoje em dia, graças a bons estudos teológicos, estamos entendendo cada vez mais o que significa dizer que queremos ir para o Céu e não para o Inferno.

A pergunta acima nos lembra da jaculatória que tradicionalmente repetimos na hora do terço. No fundo, a sabedoria da Igreja conserva estas fórmulas de oração porque elas representam algo de profundo para nossa vida de fé. Na nossa concepção religiosa o inferno é um lugar cheio de fogo, com labaredas imensas e caldeirões ferventes. Acrescente a isso o mau cheiro, a dor, os gritos, a secura, enfim, o Inferno é simbolicamente um lugar de sofrimento e dor. Essas imagens, elaboradas ao longo dos tempos, querem apenas nos esclarecer, com sinais visíveis, os grandes sofrimentos que suportam aqueles que estão afastados do amor de Deus. Como nossa imaginação é muito fértil, criamos um lugar quente e fedorento para poder entender o que seja o inferno.

Essas imagens são muito antigas. Já nas Escrituras sagradas, Jesus afirma que aqueles que não querem estar ao lado de Deus serão lançados na Geena. O que era a Geena? Um local onde eram depositados e queimados os lixos da cidade, um local fétido e cheio de podridão. A Geena era o lixão da cidade de Jerusalém. Essa imagem é usada por Jesus para explicar a seus companheiros que estar longe de Deus é viver numa espécie de lixão. Mas não sejamos simplistas: é claro que o Inferno não é uma churrascaria cósmica como imaginamos. Isso tudo são imagens!

A própria palavra "inferno", em sua origem, refere-se aos "ínferos", ou seja, ao mundo inferior, que estava no fundo da terra. Na origem o Inferno era o lugar de todos os mortos. Somente com o tempo é que a concepção cristã de inferno reservou-o para aqueles que morrem deliberadamente descrentes do amor de Deus.

A teologia nos ensina que o Inferno é uma situação de afastamento absoluto do amor de Deus e não um lugar de sofrimento. Aquele que conscientemente escolhe não amar a Deus e a não querer ser amado, esse, por causa exclusivamente de sua liberdade, acaba encontrando-se num estado absoluto de solidão e esquecimento. Isso é estar no Inferno. Mais do que um castigo de Deus, o que seria ridículo, afinal Deus só quer amar-nos, o inferno é uma escolha pessoal: eu não quero ser amado por Deus, prefiro a vida de pecado e escolho viver longe dele. Nessas condições estaremos no inferno.

Mas a misericórdia de Deus é infinita e perdoa tudo. E até mesmo na hora da morte Ele possibilita espaço para conversão. Alguns teólogos ousam afirmar que é muito difícil alguém estar no inferno, pois mesmo os maiores pecadores podem arrepender-se em um átimo de tempo. E para um coração convertido Deus tem os braços abertos. Usamos a imagem do fogo para falar do Inferno e essa imagem tem seu valor. Mas é um símbolo, não uma realidade.

Aproveito para falar um pouco sobre o Purgatório. Assim como o Inferno, o momento da "purificação" humana vem como auxílio do ser humano pecador. Aqui também não devemos pensar em um lugar, onde ficamos presos por tantos anos, dependendo de nossa culpa. Lembremos que tempo e espaço são categorias que não pertencem às realidades da eternidade.

O Purgatório nada mais é, para a teologia católica, uma espécie de momento em que reconhecemos diante de Deus nossas fraquezas e vendo nossos pecados diante de nós, sentimo-nos envergonhados e "purgamos" diante de Deus essa incapacidade de amar. É como se Deus, com olhar amoroso, olhasse-nos com aquele jeito de Pai que diz: "Meu Filho, minha filha, por que vocês não viveram plenamente o projeto de amor que lhes preparei?". Essa "vergonha" diante de Deus é nosso purgatório. Então, depois de olhar-nos com amor, Deus vai nos abraçar e completar aquilo que falta em nós para que entremos definitivamente no reino de Deus.

E o Céu? Bem o Céu é plenitude, a alegria máxima do amor, a presença definitiva da Caridade. O Céu é o abraço de Deus Trindade, é o sorriso de Deus, a força do Espírito Santo iluminando todo o nosso ser. Nem toda nossa capacidade imaginativa conseguiria trazer para nossa mente o que é o Céu. Apenas viva bem na terra, para seguir bem vivendo eternamente no Céu!

23. Como saber se sou uma pessoa escolhida por Deus para realizar seus projetos?
(Maria Auxiliadora – Volta Redonda/RJ)

Essa é uma pergunta extremamente importante, pois fala de nossa existência e de como percebemos Deus agindo em nós. Ora, não há dúvidas, para quem tem fé, que todos os homens e mulheres da face da Terra são escolhidos por Deus para realizar alguma coisa boa na vida. Mesmo que a vida de alguém dure alguns dias ou 100 anos, essa vida tem uma razão de ser e uma missão. Essa certeza de fé, de que somos chamados a uma missão, é o que guia a vida de todo batizado cristão.

Ou seja, respondendo de forma muito direta, **você que está lendo estas linhas agora é uma pessoa amada e escolhida por Deus para realizar nele, com Ele e por Ele uma missão única e exclusiva.**

Repito, para que fique bem claro em seu coração e mente: você é uma pessoa escolhida para realizar o projeto de Deus. Aliás, não só você, mas cada um de nós é escolhido para realizar o projeto de Deus. Já nos disse o profeta Jeremias: "Antes que você nascesse eu já te conhecia, eu te consagrei" (Jr 1,5-10). E é assim mesmo! Deus traçou para cada um de nós um caminho de vida. Quando respondemos aos apelos do Pai, estamos moldando uma vida que se torna testemunho para outras pessoas. Assim aconteceu com os profetas, juízes, apóstolos, santos, místicos, enfim, toda aquele que soube abrir o coração a Deus encontrou nele um porto seguro para a realização existencial completa, feliz e transformadora.

Ser escolhido não é privilégio, é responsabilidade! Todo cristão é chamado para exercer algum ofício na Igreja. O casamento é uma vocação, a vida religiosa é vocação, ser um leigo ou uma leiga consagrada é vocação. Por isso mesmo, quando resolvemos fazer algo pelo Reino de Deus, não podemos querer reconhecimento ou glória. Ao responder aos apelos de Deus nada mais estamos fazemos do que nossa obrigação de cristãos. Mas essa obrigação será imensamente prazerosa, pois dela depende nossa realização como seres criados e amados por Deus.

Mas é preciso descobrir qual será a melhor maneira de colaborar com o Reino de Deus. Esse itinerário é pessoal e inalienável. Boas leituras, direção espiritual, participar de missas e retiros e, especialmente, rezar muito. Todas essas ações práticas, colocadas na intenção da descoberta da vocação, serão instrumentos poderosos no auxílio da descoberta e do amadurecimento vocacional.

Cada um tem um dom especial doado por Deus. Cabe ao Espírito Santo esclarecer quais são as qualidades que cada um pode desenvolver para oferecer como oferta agradável ao Senhor. Não existe ninguém que nada tenha para ofertar! Basta procurar, arregaçar as mangas da camisa, acreditar nas capacidades e entregar-se ao amor de Deus. Ele conduzirá a vida daquele que está disposto a dedicar-se ao anúncio da Boa-Nova.

Quanto mais alguém se doa por amor, mais nítido vai ficando dentro dele o projeto que Deus sonhou para sua vida. Mesmo entre tribulações e desafios, essa pessoa vai se tornando sal e luz para todos aqueles que se aproximam. E a vocação, dom de Deus em cada um, torna-se uma conquista diária, uma aventura prazerosa e dolorida, doce e amarga, uma resposta fiel aos apelos do Senhor. Somos escolhidos e amados, e o somos a cada dia, a cada instante. Por isso vocação e existência, pois seja qual for o caminho e a missão que Deus tenha confiado a alguém, essa resposta nunca é dada de uma só vez, mas a cada dia, no desenrolar da trama da vida. Isso se chama perseverança no amor de Deus!

CATEQUESE

24. O que acontece quando não se cumpre uma promessa?
(Rita de Cássia – Varginha/MG)

Creio que o primeiro passo é entender o sentido da palavra promessa. O que é fazer uma promessa? É comprometer-se com alguém por meio de gestos ou palavras que possam marcar a fidelidade em alguma atitude de vida. O sentido fundamental da promessa é manter os laços de união. Uma promessa une duas pontas, liga duas ou mais pessoas entre si, sela um compromisso de fidelidade. Quando uma promessa é rompida, ou cai no vazio, alguém sempre sai prejudicado!

Quando olhamos a Palavra de Deus, vamos ver que Deus fez grandes promessas para a humanidade. Suas promessas eram sempre a de amar e cuidar do ser humano: com Noé, a promessa feita foi a de nunca mais destruir a humanidade, e a marca dessa promessa foi o arco-íris no céu (Gn 9,12-17); com Abraão, Deus fez uma aliança, prometendo grande descendência e a terra prometida (Gn 17,3-8); e, com Moisés, Deus comprometeu-se a libertar o povo da escravidão (Êx 3,4-12).

E assim, seguindo as páginas da Bíblia, vamos encontrar Deus estabelecendo promessas de amor para com os homens de boa vontade. Aliás, na língua hebraica, as palavras "Senhor" e "Promessa" têm uma mesma raiz, ou seja, Deus sempre cumpre suas promessas. Também no Novo Testamento encontramos as promessas de Jesus para com seus discípulos: prometeu a eles que nenhuma força seria capaz de destruir a igreja-comunidade de fé (Mt 16,18); prometeu aos seus discípulos que ficaria presente na Igreja todos os dias até o final dos tempos (Mt 28,20). Poderíamos enumerar muitas outras promessas feitas por Deus aos homens. **Em todas Deus foi fiel.**

Mas se Deus sempre é fiel às promessas, o mesmo não acontece com o ser humano. Este nem sempre consegue manter sua palavra. Quantas pessoas prometem amor eterno ao outro e no fim acabam por mudar de opinião? Quantas promessas falsas já ouvimos da boca de nossos políticos? Quantos prometem mundos e fundos e não honram sequer sua palavra? Quantas vezes prometemos que não vamos mais mentir ou que não vamos ser desonestos? Quantas vezes prometemos que não iremos trair quem nos ama ou trair nossos compromissos matrimoniais? Infelizmente, pela marca do pecado em nós, somos propensos a romper alianças, a quebrar juramentos, a esquecer das promessas.

Mas a palavra promessa, na pergunta acima, tem um sentido específico. Refere-se ao ato religioso, de expressão popular, no qual o fiel, necessitado de alguma coisa, estabelece uma espécie de "compromisso", material ou moral, com Deus ou, principalmente, com algum santo ou com a Mãe de Jesus. A promessa é "paga" com algum sacrifício corporal ou material, ou com algum artefato simbólico nomeado de "ex-voto". Esse tipo de promessa precisa purificar-se para que não caiamos numa espécie de "toma lá, dá cá" com as coisas sagradas. Fazer uma promessa não é errado ou condenável, ao contrário, é bom comprometer-se. O errado é tentar negociar com as realidades celestes.

Somos abençoados de graça. Tudo aquilo que possa parecer um comércio com o Sagrado precisa ser deixado de lado. Não se pode negociar com Deus ou com os santos. **O que deve ser feito é um compromisso de agradecimento, nunca de pagamento**. É melhor assim: caso eu receba uma graça eu me proponho agradecê-la com algum gesto concreto. E nesse caso eu vou sempre cumprir a promessa, pois não prometi nada impossível ou absurdo. Prometer o impossível ou alguma coisa que não será capaz de ser honrada não serve para nada.

Deus não precisa de promessas para realizar em você maravilhas. Deus precisa ser amado e anunciado, gosta de saber que seguimos seus mandamentos, está ao lado de todos, independentemente de qualquer promessa.

Por isso, aos que fizeram promessas que não poderão cumprir, fica o compromisso de restabelecer com Deus alguma obrigação plausível, de preferência que contemple a caridade com os mais pobres. Não se deve sair por aí fazendo promessas, mas as que foram feitas, para o bem do caráter e da espiritualidade, devem ser cumpridas. Assim, antes de fazer alguma promessa, pense bem se será possível realizá-la. Não troque os pés pelas mãos. **Fazer promessas com sentido comercial com Deus, com Maria e com os santos não é e nunca será atitude de um cristão consciente.** Isso demonstra pobreza de espírito e ignorância religiosa.

Mas se você quiser fazer uma promessa ou um compromisso com Deus em vista de alguma realização ou superação de algum mal ou doença, que tal:

– Comprometer-se a ser mais participativo na Igreja?
– Comprometer-se a ajudar uma família carente?
– Comprometer-se a visitar os doentes, ou os idosos nos asilos ou ainda alguma casa de recuperação de dependentes químicos?
– Comprometer-se a ser mais amoroso com a família?
– Comprometer-se a cuidar mais do meio ambiente?
– Comprometer-se a rezar mais?
– Comprometer-se a perdoar alguém que tenha te magoado?

No fundo, o que Deus pede de você é um gesto de agradecimento sincero pela graça recebida. Quem sabe agradecer descobriu qual a melhor maneira de cumprir fielmente uma promessa.

25 O relato dos Evangelhos sobre a Paixão de Jesus é histórico ou simbólico? Jesus falou mesmo as sete palavras na Cruz?
(Helio Antonio Manfredo – Ribeirão Preto/SP)

Para entender como foram os últimos dias de Jesus antes de sua crucifixão e como foi seu processo de julgamento e condenação, naqueles dias fatídicos em Jerusalém, precisamos debruçar-nos sobre os Evangelhos de maneira crítica e com olhar atento. Por quê? Porque os evangelistas não têm somente a preocupação de nos contar o fato histórico da condenação de Jesus, mas rechearam seus relatos com profundos significados teológicos. Por isso, o relato da Paixão é profundamente histórico – de verdade Jesus passou por todo o sofrimento descrito – e é ao mesmo tempo simbólico – pois cada gesto e palavra dita querem arrematar teologicamente o projeto de amor que Jesus deixou para seus seguidores.

Uma coisa não exclui nem diminui a outra. Para ter a certeza de que os fatos que cercaram a morte de Jesus têm valor simbólico, é só olhar a visão dos quatro evangelistas. Cada um deles descreve detalhes diferentes do dia da crucifixão. Uma coisa é certa: Jesus de Nazaré foi julgado e condenado pelas autoridades romanas, com a participação das autoridades judaicas e recebeu como pena a morte na cruz, castigo cruel para os condenados mais perigosos. O restante dos fatos também conserva sua validade, mas já está embebido de sentido simbólico.

Somente para ilustrar, basta ver o dia da crucifixão. Nos Evangelhos sinóticos, ou seja, nos relatos de Mateus, Lucas e

Marcos, Jesus é crucificado na véspera da Páscoa. Já no evangelista João, Jesus foi crucificado no dia mesmo da Páscoa Judaica. João faz coincidir a morte de Jesus com a hora dos sacrifícios dos cordeiros pascais, já que para este evangelista Jesus se tornou o verdadeiro e definitivo cordeiro imolado para a salvação da humanidade.

Por isso mesmo os estudiosos da Bíblia são praticamente unânimes em afirmar que as palavras de Jesus, ditas no alto da cruz, são uma leitura teológica daquele momento de suprema dor. A crueldade da cruz não permitia que o condenado tivesse forças para falar, ele, o condenado, ficava praticamente sem ar no alto da cruz. As palavras ditas por Jesus, na cruz, têm força profética, pois recuperam trechos dos salmos e textos da Antiga Aliança. A partir delas os evangelistas confirmam que Jesus é o Messias, Filho de Deus e Redentor dos Homens, mostrando que nele todas as profecias foram sendo cumpridas. Mais importante do que os detalhes é a certeza da vivência bimilenar da fé cristã.

Quais foram as palavras de Jesus na Cruz? Os Evangelhos relatam sete palavras, que ainda hoje são fonte de reflexão sobre o amor de Jesus, que mesmo na cruz, não deixou de nos ensinar o mandamento do amor. São elas:

1. **"Pai, perdoai-lhes pois não sabem o que fazem!"** (Lc 23,34) – Jesus se refere aos atos de hedionda crueldade dos guardas romanos e das autoridades que o mandaram crucificar.
2. **"Hoje mesmo estarás comigo no Paraíso!"** (Lc 23,43) – Jesus responde ao bom ladrão, Dimas, que chama a atenção do outro ladrão, Gestas, crucificado ao lado de Jesus.
3. **"Meu Deus, meu Deus, por que me abandonaste?"** (Mt 27,46) – o grito de Jesus é dirigido aos Céus, num momento em que se sente abandonado pelo Pai.
4. **"Mulher, eis teu filho... filho, eis tua mãe!"** (Jo 19,26) – Jesus entrega Maria aos cuidados do apóstolo João, para que a acolha após aquele momento de dor.

5. **"Tenho sede!"** (Jo 19,28) – Jesus pede água no alto da cruz e recebe uma esponja ensopada de vinagre das mãos dos algozes.
6. **"Tudo está consumado!"** (Jo 19,30) – Jesus reconhece que sua missão e sua fidelidade ao Pai do Céu chegou ao fim de maneira drástica, mas completa e fiel.
7. **"Pai, em Tuas mãos entrego meu espírito!"** (Lc 23,46) – Jesus se abandona nas mãos de Deus, experimenta a morte física e se faz completamente humano para poder nos divinizar.

As Sete Palavras de Jesus são recordadas especialmente durante a Semana Santa e em muitos lugares existe o costume do Sermão das Sete Palavras, no qual o pregador, referindo-se a estas frases finais do Cristo Jesus, atualiza a mensagem que cada uma delas traz para a vida cristã. Refletir as Sete Palavras de Jesus, especialmente nos momentos de dor e sofrimento, ajudará no exercício de superação das dificuldades e alívio das dores que nos afligem.

SEGUNDA PARTE
PERGUNTAS CURTAS E RESPOSTAS RÁPIDAS

LITURGIA

26. Por que não devemos dizer "Amém" no final do Pai-Nosso durante a missa?

A palavra "amém" é de origem hebraica, língua na qual significa amparar, suportar, confiar, ser verdadeiro. Usa-se o "amém" no final de orações, indicando que aprovamos aquilo que acabamos de rezar. No caso do "Pai-nosso" durante a missa, ele faz parte de um conjunto de orações que preparam imediatamente o momento da comunhão. Esse conjunto começa com a recitação do "Pai-nosso" e termina somente com a exortação da paz.

Vamos recordar? O padre sempre introduz o Pai-nosso:

> **Padre:** Obedientes à palavra do Salvador e formados por seu divino ensinamento, ousamos dizer:
> **Todos:** Pai nosso, que estais nos céus, santificado seja o vosso nome; venha a nós o vosso reino, seja feita a vossa vontade, assim na terra como no céu; o pão nosso de cada dia nos dai hoje, perdoai-nos as nossas ofensas, assim como nós perdoamos a quem nos tem ofendido, e não nos deixeis cair em tentação, mas livrai-nos do mal.

Veja que ainda não temos o "Amém" no final da oração. Então o padre segue dizendo as seguintes palavras:

> **Padre:** Livrai-nos de todos os males, ó Pai, e dai-nos hoje a vossa paz. Ajudados pela vossa misericórdia, sejamos sempre livres do pecado e protegidos de todos os perigos, enquanto, vivendo a esperança, aguardamos a vinda de Cristo Salvador.
> **Todos:** Vosso é o Reino, o poder e a glória para sempre!

O padre retoma a palavra e reza pela paz dizendo:

> **Padre:** Senhor Jesus Cristo, dissestes aos vossos apóstolos: eu vos deixo a paz, eu vos dou a minha paz. Não olheis os nossos pecados, mas a fé que anima vossa Igreja; dai-lhe, segundo o vosso desejo, a paz e a unidade. Vós, que sois Deus, com o Pai e o Espírito Santo.
> **Todos: Amém!**

Veja que somente no final da oração pela paz é que se responde "amém", finalizando este conjunto de preces. Por isso, na missa, não devemos dizer o "Amém" no final do Pai-nosso. Mas quando rezarmos o "Pai-nosso" fora da missa deve-se dizer "amém" logo após o término da oração. Entendeu?

LITURGIA

27 O que significa a palavra eucologia?

Que palavra diferente, parece *"ecologia"*, mas não é. Temos uma letra U ali no meio, o que muda tudo. A palavra *"eucologia"* é de origem grega. Como toda palavra terminada em "logia", ela significa o estudo de alguma coisa. Vejamos alguns exemplos: **odonto-logia** é o estudo sobre os dentes; **teo-logia** é o estudo sobre as realidades divinas; **cardio-logia** é o estudo do coração e assim por diante. Mas a **euco-logia** estuda o quê? Fácil: a eucologia é o ramo da teologia que estuda as orações que fazemos durante a missa, como a oração da coleta, o prefácio e a oração após comunhão. Mas para que estudar as orações? Oração foi feita para rezar, não para ser estudada! Certíssimo, toda oração é para ser rezada, com fé e devoção, mas nem por isso elas podem ser feitas de qualquer jeito. Todas as orações são bem-estruturadas, com começo, meio e fim. A eucologia é o estudo das orações, para que elas sejam bem-feitas, de acordo com a doutrina e sempre pensando em auxiliar o povo de Deus a bem rezar. Mas reafirmo e já termino: o que importa mesmo é rezar com fé.

28. Ainda existem os dias chamados "Santos de Guarda" para os católicos?

Claro que sim, ainda que infelizmente muitos cristãos católicos, ou por desconhecimento ou por estarem demasiado atarefados com as coisas do mundo, tenham se esquecido de respeitar esses dias de especial devoção para a fé católica. Todos os domingos, dia da Ressurreição do Senhor Jesus, são por natureza dias "santos de guarda" e devem ser reservados para oração e participação na missa, por isso não entram na lista abaixo, pois são naturalmente um tempo para estar em comunhão com Deus e com a comunidade.

São atualmente considerados dias "Santos de Guarda":

- A Solenidade do Natal de Nosso Senhor Jesus Cristo (25 de dezembro).
- A Solenidade da Epifania do Senhor (data móvel).
- A Solenidade da Ascensão de Jesus (data móvel).
- A Solenidade do Santíssimo Corpo e Sangue de Cristo – Corpus Christi (data móvel).
- A Solenidade de Maria, Mãe de Deus (1° de janeiro).
- A Solenidade da Imaculada Conceição de Maria (8 de dezembro).
- A Solenidade da Assunção de Maria (15 de agosto);
- A Solenidade de São José, patrono da Igreja (19 de março).
- A Solenidade de São Pedro e São Paulo (29 de junho).
- A Solenidade de Todos os Santos (1° de novembro).

Os critérios para a definição dos dias "Santos de Guarda" são espirituais. A Igreja crê importante marcar algumas datas com especial devoção, pois entende que isso auxilia no crescimento espiritual do povo cristão.

29. As leituras da Palavra de Deus, feitas na missa, são as mesmas em todo o mundo?

Nos textos da Bíblia encontramos a Revelação de amor da Santíssima Trindade pela humanidade. Por isso, nas liturgias, lemos sempre trechos das Escrituras, tanto do Antigo Testamento quanto do Novo Testamento. Na Igreja católica Apostólica e Romana, onde quer que estejamos pelo mundo afora, as comunidades leem as mesmas leituras nos domingos e também nos dias de semana. A Igreja organizou, ao longo dos tempos, um esquema de leitura dos Evangelhos dominicais, que está dividido em ciclos de três anos: ano A, B e C. No ano A lemos o Evangelho de Mateus, no ano B o Evangelho de Marcos e no ano C o Evangelho de Lucas.

Os textos de João são lidos em datas espalhadas durante o ano, sobretudo em festas e solenidades especiais. Assim, em qualquer comunidade católica do mundo as leituras proclamadas são sempre as mesmas em cada domingo. Isso gera unidade na celebração e na fé. O mesmo acontece para as chamadas primeiras leituras, salmos e segundas leituras da missa! Para os dias de semana as leituras seguem um ciclo bienal, ou seja, temos leituras para anos pares e outros para anos ímpares. Dias de santos e alguma solenidade ou festa podem ter leituras específicas, selecionadas para essas ocasiões. Mas em qualquer celebração feita pelo mundo afora não se pode suprimir as leituras da Palavra de Deus.

CATEQUESE

30 O que significa "indulgência Plenária"?

A teologia das indulgências é herança da Idade Média e ainda hoje se conservam na doutrina a possibilidade de a pessoa expiar suas faltas e se aproximar de Deus por meio desse recurso especial. As indulgências são como que prêmios que Deus concede a seus filhos, possibilitando-os aproximarem um pouco mais da Graça. Geralmente, são concedidas indulgências em determinados momentos ou locais de relevância espiritual para a Igreja Católica. Mas é preciso ter atitudes cristãs concretas para receber indulgências.

Uma indulgência não é um passe de mágica para sanar nossos pecados! Para receber indulgências precisamos estar em comunhão com Deus e afastados do pecado. Outra condição para receber a indulgência é confessar e receber a comunhão. A indulgência não dispensa a vida comunitária nem a caridade. Cumprir certos ritos mecanicamente não nos garante salvação nem comunhão com Deus. Quando buscar o apoio espiritual de indulgências saiba que o mais importante é o mandamento maior: "Amar a Deus e ao próximo".

CATEQUESE

31. Minha Bíblia pegou fogo. O que devo fazer com ela? E com as imagens quebradas?

Em primeiro lugar tome cuidado com o fogo em casa. Não deixe velas acesas perto de materiais inflamáveis dentro de casa. Ainda bem que foi só a Bíblia que pegou fogo. Já imaginou que desastre poderia ter acontecido? Sempre que acender uma vela, coloque proteção ao redor dela ou coloque-a num pratinho com água. Agora, já que sua Bíblia pegou fogo, a melhor coisa é desfazer-se dela e imediatamente conseguir outra. Não tenha receio de dispor de sua Bíblia queimada. Se achar melhor e mais respeitoso termine de queimá-la. Ou então embrulhe-a em papel e deposite numa lata de lixo.

A sacralidade da Bíblia está em seus ensinamentos e não no papel em que ela foi impressa. Não é pecado nenhum dispensar uma Bíblia ou outro texto religioso, caso ele não esteja mais em condições de uso. O mesmo serve para as imagens. Deposite-as, devidamente embrulhadas, numa lixeira ou se tiver condições, desfaça-se delas em água corrente (se forem de gesso).

Algumas pessoas gostam de levar imagens quebradas para os pés de algum cruzeiro ou até mesmo aos cemitérios. Seja como for, uma imagem quebrada pode ser dispensada sem nenhum constrangimento. Não é a imagem que é importante, mas o que ela representa! Assim como a Bíblia, o valor da imagem está no fato de ela nos recordar o amor de Deus. Quando agimos assim, com respeito, mas sem exageros, estamos entendendo qual o verdadeiro sentido de uma imagem!

SACRAMENTOS

32. Quando um padre "deixa sua batina", os batizados e casamentos que ele celebrou deixam de ter valor?

Infelizmente, muitos padres abandonam o ministério sacerdotal, por diversos motivos, sejam institucionais ou pessoais. Mas o assunto é outro. É sobre a validade do sacramento que foi realizado por um padre que abandonou o exercício do ministério sacerdotal.

A resposta é simples: se quando o gesto sacramental foi realizado o padre estava exercendo seu apostolado dentro das leis competentes e se todo o rito sacramental foi feito dentro das normas litúrgicas, então o sacramento tem validade para sempre, ainda que, posteriormente, o padre tenha se afastado de suas funções sacerdotais.

Uma vez realizado, está sacramentado! Imagine se fosse preciso refazer todos os sacramentos por causa da fraqueza dos padres? Quando falamos de sacramentos temos de saber que eles não dependem da santidade da pessoa, mas dependem da disposição da pessoa que recebe e da seriedade do rito. Mesmo se um padre for um grande pecador, todos os batismos que ele celebrar e todos os casamentos que assistir têm validade sacramental.

BÍBLIA

33. Como posso interpretar a frase de Jesus, "Pai, afasta de mim este cálice", dita antes de sua crucifixão?

A frase acima está presente nos três Evangelhos Sinóticos: em Mateus 26,39; em Marcos 15,36; e no evangelista Lucas 22,42. O testemunho dos três sinóticos garante a veracidade deste pedido de Jesus um pouco antes de sua prisão. Mas a frase não termina assim e sua continuidade é a parte mais importante. Jesus pede que o cálice seja afastado, mas "que seja feita, ó Pai, a tua vontade e não a minha!"

Desde jovem, Ele soube ser escolhido por Deus para manifestar ao mundo o amor do Pai. Com trinta anos, Jesus abandona todas as comodidades de sua casa e parte em missão, proclamando o reino de Deus e pedindo a conversão. Escolheu discípulos para estar com Ele e sempre caminhou, de aldeia em aldeia, resgatando a dignidade dos mais abandonados. Enfrentava as autoridades religiosas e os preceitos vazios da lei. Colocou em destaque o ser humano e relativizou a força do legalismo da lei judaica.

Essas atitudes acabaram gerando polêmica e os poderosos de seu tempo exigiram sua morte, para conter os ânimos e evitar subversões. Quando se sentiu ameaçado pela morte, Jesus também teve medo. Não podemos pensar que Jesus quis morrer e que gostou de ser perseguido. A frase acima é a prova concreta de que Jesus teve medo diante da possibilidade da morte. Mas, mesmo com medo, Ele não recuou. Preferiu manter sua palavra e a fidelidade absoluta ao projeto de Deus para mostrar que vale a pena lutar pela dignidade humana. A vontade de Deus em primeiro lugar. Sua fidelidade coroou sua pregação!

E Deus não o deixou preso na morte, mas por esta fidelidade o resgatou, ressuscitando-o dos mortos. Muitas vezes sentiremos medo, pediremos que Deus nos livre dos perigos, mas nessas horas, ainda que receosos, devemos confiar em Deus e entregar nossa vontade nas mãos dele.

34. Na Bíblia fala-se que Jesus foi circuncidado. O que significa isso?

De acordo com a religião judaica, no tempo de Jesus e ainda hoje, todo primogênito do sexo masculino deveria ser levado ao templo para ser consagrado ao Senhor no oitavo dia após o nascimento. Nesse mesmo dia o menino recebia o nome escolhido pela família e era circuncidado. O que é circuncisar? Trocando em miúdos, a circuncisão é uma interferência cirúrgica no prepúcio do recém-nascido, eliminando uma parte dessa película que recobre a pontinha do pênis (glande) do menino.

A medicina moderna aconselha a circuncisão quando a criança apresenta problema de fimose, ou seja, tem o prepúcio muito grande. Mas essa interferência cirúrgica, para o judeu, era um ato religioso, não um ato médico. É uma imposição legal, com bases nas leis judaicas do Antigo Testamento (Lv 12,3). Cortar o prepúcio do menino era marcá-lo com o sinal de pertença ao povo judeu e dizer que esse menino era escolhido de Deus para professar a fé num Deus único e verdadeiro.

Os primeiros cristãos tiveram inclusive de enfrentar este problema: para ser cristão haveria ou não a necessidade de marcar os homens com esse sinal? Afinal o próprio Jesus foi circuncidado! Os apóstolos, entre eles São Pedro e São Paulo, discutiram esse assunto no chamado Concílio de Jerusalém (At 15) e chegaram à conclusão de que a fé cristã era muito maior do que sinais externos. O cristão deve marcar espiritualmente o coração e não o corpo. Com isso, os pagãos puderam ser aceitos como membros da comunidade cristã.

CATEQUESE

35. Qual a opinião da Igreja quando uma pessoa, que é portadora de uma doença grave e incurável, é totalmente curada? A igreja reconhece como milagre?

Uma coisa é certa – Deus, em seu amor, pode recuperar nossa saúde e conceder a seus filhos graças infinitas. Se olharmos a revelação bíblica, encontraremos na Antiga Aliança Deus agindo em favor do povo e na Nova Aliança temos Jesus, que passa pelo mundo fazendo o bem e curando as pessoas.

Na história da Igreja, muitos são os relatos de curas que aconteceram milagrosamente, como sinal manifesto de que Deus está no meio de nós. Para a Igreja, dessa forma, é plenamente possível que de modo extraordinário o ser humano seja curado de suas enfermidades. Segundo ponto: ainda que reconheça a veracidade de milagres, a Igreja é muito cautelosa em aceitar esse tipo de cura.

Há normas rígidas que são seguidas para determinar se uma pessoa foi mesmo curada por meio de intervenção divina. Vez ou outra, a Igreja proclama oficialmente que curas milagrosas, geralmente realizadas pela intercessão de algum santo, aconteceram e foram cientificamente comprovadas.

Mas sejamos cautelosos: ninguém deve, por conta própria e sem prévia comprovação e orientação, sair por aí espalhando histórias de curas e milagres! E muito menos deixar-se levar por grupos religiosos que prometem curas em troca de dinheiro ou sacrifícios! Deus nos acolhe de graça! Além disso, o mais importante da vida cristã não são esses fatos extraordinários, mas a proclamação diária do Evangelho, a vida de caridade e a construção do Reino de Deus.

CATEQUESE

36 Qual a diferença entre espiritismo e espiritualidade?

A espiritualidade é o modo como nós cultivamos nossa fé, estabelecendo um diálogo amoroso com Deus. A espiritualidade é o combustível da vida, a força que nos mantém em sintonia com o infinito. A espiritualidade cristã está baseada na Santíssima Trindade: o Pai que nos cria, o Filho que nos salva e o Espírito Santo que nos santifica.

Já o espiritismo é uma doutrina religiosa segundo a qual cada ser humano vive diversas encarnações, até o momento em que alcance a plenitude. Para os espíritas é possível estabelecer contatos com as pessoas que já morreram. Existem inclusive pessoas que se dizem mais sensitivas para esse tipo de contato, chamadas "médiuns". A pessoa que professa o espiritismo confia na capacidade humana de redenção, dispensando a graça de Deus. Justamente nesse ponto é que divergem completamente o cristianismo e o espiritismo. A fé católica é totalmente oposta ao espiritismo.

Desse modo, é inconcebível que existam católicos que vão à missa e comungam e, ao mesmo tempo, frequentam reuniões espíritas. Quem faz isso não entendeu nada o que significa ser cristão católico. Concluindo: quem vive uma espiritualidade cristã não deve envolver-se com a doutrina espírita. São como água e óleo. Não se misturam.

SACRAMENTOS

37 Como escolher um bom padrinho de Batismo para meu filho?

O padrinho e a madrinha são como segundos pais para as crianças. Cabe aos padrinhos ajudar na educação religiosa da criança, oferecendo o carinho e a presença necessária para que isso aconteça. Com os pais, os padrinhos são a presença de Deus em todos os momentos da vida da pessoa. A escolha do padrinho deve ser feita com muito critério, pois a função do padrinho é muito importante.

Certamente, vai influenciar nessa escolha a amizade que vocês têm com algum casal. Isto é importante, pois os padrinhos precisam ser pessoas de confiança e da convivência do casal. Mas amizade não é tudo! Antes da amizade, é preciso perceber se o casal a ser escolhido como padrinhos vive verdadeira vida de fé. Esse é o critério central, pois como os padrinhos vão ajudar a educar a criança na fé, se eles mesmos não são ligados com a religião?

Aliás, para ser padrinho de uma criança, a Igreja exige que o casal esteja com a vida religiosa regulamentada. Nunca, em hipótese nenhuma, os padrinhos de Batismo poderão ser de outra religião! Isso vai contra o sentido do Batismo, que se propõe a ajudar na educação da fé cristã.

Ah, e não escolha padrinhos por causa da riqueza ou da condição social. Esse tipo de relação interesseira não deve estar conduzindo um sacramento tão importante como o Batismo.

38. Caso uma pessoa embriagada entre na fila da comunhão eucarística, o que devemos fazer?

A Igreja tem um respeito imenso pelo sacramento da Eucaristia. Esse sacramento é o centro do mistério de nossa fé, pois pelo pão e vinho consagrados somos convidados ao encontro pessoal com o Corpo e Sangue de Jesus. Por isso, pela sacralidade do sacramento, a Igreja insiste em algumas orientações para que a pessoa se aproxime dignamente da mesa eucarística.

Acontece que pessoas embriagadas podem entrar na fila para receber comunhão. Talvez motivadas por uma verdadeira devoção essas pessoas sentem desejo de comungar. Cabe aqui um discernimento: se você conhece a pessoa e sabe que ela tem vida de comunidade, que quando está sóbria participa das missas e valoriza a comunidade, talvez seja o caso de deixá-la comungar.

Mas se a pessoa na fila da comunhão está ali como uma brincadeira, ou mesmo completamente inconsciente do gesto que faz, talvez seja o caso de, com carinho e prudência, não permitir que ela comungue. Cabe aqui as regras que o padre de sua paróquia estabeleceu para esses casos. O importante é não humilhar a pessoa humana nem banalizar o sacramento.

39. Os santos intercedem mesmo por nós?

Sim. É uma expressão da fé católica que os santos e santas, esses homens e mulheres que morreram em comunhão com Deus, intercedem por nós, seres humanos. Essa comunhão dos santos é um reflexo misterioso e místico da única mediação que é realizada entre Jesus Cristo e o Pai do Céu. São Paulo, na carta a Timóteo, declara Jesus como único mediador entre Deus e os homens, mas indica também que todos são mediadores na hora das orações: "Recomende a todos que façam preces, orações, súplicas e ações de graças por todos os homens" (1Tm 2,1-5).

Do mesmo modo que podemos rezar uns pelos outros aqui na terra, os que morreram podem rezar por nós. São Jerônimo, doutor da Igreja, no terceiro século do cristianismo já dizia: "Se os Apóstolos e mártires, enquanto estavam em sua carne mortal e ainda necessitados de cuidar de si, ainda podiam orar pelos outros, muito mais agora que já receberam a coroa de suas vitórias e triunfos".

A tradição bíblica e a história da Igreja são unânimes em aceitar que há uma relação de comunhão entre os santos e nós humanos. No livro do Apocalipse, lemos que os santos intercedem a Deus pelos homens na terra (Ap 6,9-10). Há uma clareza teológica que os que estão vivos pela graça podem clamar a Deus e interceder pelos homens.

Não poderia terminar sem falar de Nossa Senhora. Ela é de modo especial chamada *"Mediatrix ad Christum mediatorem"*, isto é, "Medianeira junto a Cristo mediador". A melhor passagem para mostrar isso é a festa das Bodas de Caná da Galileia. Bastou um pedido seu para que seu Filho fizesse seu primeiro milagre. Ele adiantou sua hora para atender à intercessão de sua Mãe Santíssima.

CATEQUESE

40 Por que temos tantas Nossas Senhoras diferentes?

Já perdi a conta de quantas vezes tive de explicar para pessoas de boa vontade sobre os títulos de Maria. Ainda encontramos pessoas com dificuldade de entender que Maria, mãe de Jesus, é representada, pelo mundo afora, com os mais diversos títulos e distintivos espirituais. Aliás, já encontrei pessoas que ao menos sabiam que todas as representações de Nossa Senhora referem-se a Maria de Nazaré, a virgem esposa de José, que aceitou ser mãe de Jesus Cristo!

E como nestes mais de quinhentos anos de evangelização em nosso continente latino-americano dúvidas como esta continuam existindo, resolvi falar disso mais uma vez. Não importa se você chame Maria com o título de Aparecida ou Fátima, não importa que você pense em Nossa Senhora de Lourdes ou reze seu terço em honra a Nossa Senhora Rainha da Paz. Em qualquer uma dessas situações, suas orações estão tendo como foco Maria, a mãe de Jesus.

Mas como isso, se uma imagem mostra Nossa Senhora com roupas claras, outras com roupas escuras, em uma ela apresenta a pele branca e em outra sua tez é negra? Ora, não é difícil entender tudo isso! Cada uma dessas imagens representa o jeito humano de se aproximar do Sagrado. Maria, com seu jeito materno, não mede esforços para se mostrar a nós do jeito que necessitamos. Assim, para cada necessidade ou em cada local onde Maria é devotada, o povo a "reveste" com algumas características que a tornam uma mãe universalmente amada e aceita.

Assim, não deve haver mais confusão em sua cabeça: seja qual for o título dado a Maria, saiba que diante dela você pode colocar todas as suas necessidades, que ela as levará até seu Filho, Jesus, sem demora!

SACRAMENTOS

41 A Igreja Católica permite que primos se casem?

Casamento na Igreja é coisa séria, por isso mesmo existem muitas orientações pastorais e canônicas que regem esse sacramento. Dúvidas podem ser dirimidas com seu pároco; não tenha medo de perguntar tudo e esclarecer suas questões. Sobre a questão acima há alguns detalhes importantes. As regras matrimoniais colocadas pela Igreja têm sentido prático, para evitar maiores transtornos. O fato é que a mistura de sangue entre pessoas da mesma família pode provocar problemas genéticos sérios e a Igreja precisa alertar para esses perigos.

Casais sem consanguinidade têm 3% de possibilidade de ter um filho com alguma falha genética, número que cresce para 5% nos casos de casamento entre primos de primeiro grau. Por isso, quando se trata de casamento entre primos é preciso muita atenção e conhecer se existe ou não algum impedimento. Primeira situação: o casamento entre primos irmãos não é permitido, a não ser com o consentimento expresso do bispo de sua diocese. Esta situação é a mais delicada, pois a consanguinidade é muito semelhante. No caso de primos de primeiro grau, que não sejam primos irmãos, também é preciso uma autorização expressa do bispo. Nos outros casos, como primos segundos e assim por diante, não há impedimento legal.

De qualquer modo, é bom conhecer bem o direito da Igreja e ver se em seu caso existe alguma razão que seja impedimento para o matrimônio. Vale lembrar que na linha da descendência direta os matrimônios são totalmente proibidos. A razão para essa cautela é a preservação das gerações que virão, para que o perigo de doenças genéticas seja praticamente eliminado.

CATEQUESE

42. Qual a origem do Terço da Misericórdia? Por que o rezamos às 15 horas?

Quem introduziu a ideia de um terço rezado com invocações relacionadas com a misericórdia de Jesus Ressuscitado foi Santa Faustina, uma freira polonesa. Seguindo a inspiração espiritual que ela sentia em sua meditação, confessou a seus amigos que, enquanto rezava, sabia que a presença do Cristo Jesus acalmava os corações mais endurecidos. Logo, adaptou essas invocações às contas do terço tradicional.

Faustina era firme ao afirmar que mesmos os pecadores mais insistentes seriam libertados com a recitação dessa oração. Com o Terço da Misericórdia, Santa Faustina também divulgou uma linda imagem do Cristo Ressuscitado: Jesus caminhando em nossa direção, olhando-nos profunda e ternamente, com a mão direita levantada, num gesto de bênção, e a mão esquerda mostrando o sangue e água jorrando de seu coração. Quanto ao horário da oração, às três horas da tarde, parece ter sido também uma tradição ensinada por Santa Faustina.

Bom, o que podemos dizer disso tudo? Antes de mais nada, temos de afirmar a beleza e a necessidade da oração na vida cristã. Todos nós temos de ser pessoas orantes! Valorizamos a oração do terço, uma forma simples e eficaz de dirigir a Deus e a Nossa Senhora. Enfim, acreditamos que todas as formas de rezar têm seu valor. O Terço da Misericórdia não é melhor nem mais poderoso que outras orações! É um jeito de rezar que aprendemos com Santa Faustina.

Se você rezá-lo, Deus seja louvado! Se você preferir fazer outras orações, Deus seja louvado também! Não podemos é considerar certas orações como momentos mágicos, que são a solução para tudo. Toda oração, qualquer que seja, precisa ser associada a uma proposta concreta de vida! Oração e ação, eis a fórmula do bom cristão. Olhe, até deu rima! E como dizia Santo Afonso de Ligório, "Quem reza se salva, quem não reza está se condenando".

CATEQUESE

43. Fazer acupuntura é pecado?

Confesso que nunca havia pensado sobre isso. Na verdade, conheço muitas pessoas que fazem tratamento com acupuntura e nunca imaginei que alguém pudesse achar que esse tratamento para a saúde fosse considerado pecado. Talvez seja o desconhecimento sobre o assunto que faça as pessoas terem esse tipo de ideia.

O que é acupuntura? É uma técnica de tratamento da saúde que consiste em introduzir agulhas especiais em determinados pontos do corpo para estimular a recuperação do corpo. Às vezes, a acupuntura é feita também com massagens. Essas técnicas nasceram na China, a partir da experiência corriqueira de massagearmos o local dolorido para fazer passar a dor e da necessidade de perfurar bolhas de inflamações. Da China, ela se espalhou por vários países da Ásia.

Hoje em dia, a acupuntura é difundida como forma de tratamento de muitas enfermidades, tais como dores em geral, nos músculos e nos ossos, e em casos como gastrite, estresse e uma série de outras enfermidades. O que pode causar estranheza a nós, cristão, talvez seja a origem oriental dessas técnicas, que parecem não estar de acordo com a visão cristã, uma vez que falam da harmonia do corpo, a partir de energias vitais. Mas eu me pergunto se um tratamento que é eficiente para aliviar dores e sofrimento está em desacordo com a fé cristã? Só pelo fato de ser uma técnica que nasce em um ambiente não cristão não quer dizer que não tenha valor!

Às vezes, e disso muitas pessoas são testemunhas, um tratamento convencional, com medicamentos, não consegue resolver os problemas da pessoa, e um tratamento alternativo consegue obter melhoras significativas. Deus deu ao ser humano inteligência para descobrir maneiras de cuidar da vida e nós precisamos saber utilizá-las da melhor maneira. Pecado é não respeitar a vida e destruir a dignidade humana.

Mas, antes de qualquer iniciativa, procure saber se o profissional de acupuntura é confiável e sério. Não vá fazer este tratamento em qualquer lugar! Com saúde não se brinca!

44. Deus nos castiga? Por que tantas coisas ruins em nossa vida?

Será mesmo que Deus nos castiga? Óbvio que não! Como é que Alguém que é todo Amor, que criou tudo de bom para nós, seria capaz de nos castigar? Não tenhamos receio de dizer que de Deus não vem nenhum castigo! Mas por que então existem tantas coisas tristes e tanto sofrimento no mundo? O sofrimento humano é um mistério que não conseguimos decifrar.

O certo é que Deus não quer que soframos, mas ao mesmo tempo, sofrer faz parte de nossa vida. Nossa natureza humana, por sua limitação, é marcada pelo sofrimento. O próprio Jesus nunca explicou por que tanto sofrimento no mundo. Ao contrário de explicar, ele estendia a mão para os sofredores. Essa é atitude do cristão diante da dor: acolhê-la e recebê-la como parte de um mistério que supera nossa compreensão.

No Antigo Testamento, muitas vezes aparecem passagens que afirmam que Deus corrige seus filhos. Mas, atenção, corrigir não é castigar! Além disso, muitas passagens do Antigo Testamento refletem uma visão teológica da compensação. O que isto significa: para o povo judeu, Deus abençoava os bons e castigava os maus. Entretanto, esta visão foi superada, pois Jesus afirmou que Deus faz chover sobre justos e injustos. Ou seja, as coisas não muito boas que nos acontecem não são responsabilidade de Deus, mas são parte de nossa própria natureza.

Aliás, não é a Deus que a gente recorre para poder aliviar nossas dores? É preciso recuperar a mensagem de Jesus Cristo, que nos ensinou que o Pai é amoroso e cheio de misericórdia. Nunca, em nenhum momento do Evangelho, encontramos Jesus dizendo que Deus castiga! Quem destrói a humanidade não é Deus, mas a ganância e o orgulho humano.

SACRAMENTOS

45 Como deve ser feita uma boa confissão?

A confissão com o padre é apenas um dos momentos da reconciliação. Para ser completo, o sacramento exige o reconhecimento de que sou pecador, a inciativa de confessar-se, o arrependimento e, acima de tudo, a proposta verdadeira de não mais cometer os mesmos erros. Um bom exame de consciência é um modo útil de preparar-se para a confissão. Como você percebe, a graça de Deus atua antes, durante e depois da confissão.

Nossa Igreja Católica conserva esta tradição de procurar um padre para ouvir nossas falhas e nos perdoar, no nome de Jesus. O próprio Jesus foi quem pediu que seus discípulos perdoassem os pecados uns dos outros. Para Ele o perdão era o grande gerador da vida! A Igreja, depois do Concílio Vaticano II (1962-1965), determinou duas maneiras de fazer a confissão: a primeira e mais tradicional é a confissão auricular, feita aos pés do ouvido, em particular com um padre. Nesse modelo ordinário de confissão, o penitente conta para o confessor tudo aquilo que está machucando sua vida, desde os erros feitos por ação e aqueles feitos por omissão.

Geralmente, temos ainda dificuldades de fazer uma boa confissão porque ficamos presos a detalhes e esquecemos de falar de nossas reais dificuldades. Devagar a Igreja vai reeducando o povo para o verdadeiro sentido da confissão: receber o remédio que alivia as dores mais profundas!

Outro tipo de confissão, também considerada válida, mas que deve ser feita somente em situações especiais, é a confissão comunitária. Nesse tipo extraordinário de confissão, o confessor reúne a comunidade, faz um ato penitencial bem preparado, explica o sentido do pecado e do perdão, provoca um momento de exame de consciência e depois, validamente, absolve a comunidade. Essa celebração pode ser feita com cantos, gestos de perdão e terminar sempre com muita alegria.

O termômetro, para saber se fizemos uma boa confissão, é sentir-se perdoado por Deus e pela comunidade. Sair da confissão aliviado e pronto para não mais cometer o mesmo erro!

AGORA É A SUA VEZ!

Gostou de ler o livro? Aprendeu um pouco mais sobre a nossa fé católica? Espero que sim!

Mas creio que possivelmente você também tenha suas dúvidas sobre religião, Bíblia, catequese, liturgia, sacramentos, enfim, dúvidas que podem e devem ser respondidas.

Este primeiro livro foi um modo de apresentar algumas respostas, mas que tal sugerir novas perguntas para um novo livro? Abaixo você tem espaço para escrever suas dúvidas e, depois, recorte esta página e envie para o endereço abaixo!

Ajude-me a escrever "*PORQUE SIM* não é resposta 2". Posso contar com você?

Minha dúvida é ...

Destaque a página anterior com cuidado.
Escreva desta maneira no destinatário de sua carta
(igualzinho está escrito para que chegue a minhas mãos!)

PORQUE SIM não é resposta!
Caixa Postal 2
CEP 12570-000
Aparecida-SP

Ou acesse nossa página no facebook!
facebook.com/livroporquesim

Obrigado pelo carinho e que jamais nos conformemos com a falta de respostas. Sejamos curiosos, aprendizes da fé, desbravadores da religião, afinal...

PORQUE SIM não é resposta!

ÍNDICE

* Este índice está separado por temas

Apresentação | 7

PORQUE SIM NÃO É RESPOSTA... | 9

PRIMEIRA PARTE | 13

　　IGREJA

1. Por que existem dentro da religião católica várias tendências, umas conservadoras e outras mais liberais? | 15
3. Por que as mulheres não podem ser ordenadas "padres"? | 20

15. Como é feita a eleição de um novo Papa? | 58
19. Acho muito bonita a Renovação Carismática, mas considero as pessoas desse movimento exageradas no modo de rezar. Estou errada em não querer participar desse movimento? | 73
20. Como é feita a escolha de um bispo da Igreja? | 76

CATEQUESE

2. Existe algum santo reconhecido pela Igreja que ainda esteja vivo? Ou só se torna santo uma pessoa que já morreu? | 17
4. É obrigatório fazer a catequese para obter a Primeira Comunhão? Tenho 35 anos e não fiz a catequese quando criança. Quem eu devo procurar e o que devo fazer para começar a comungar? | 23
8. Por que colocamos as imagens dos santos que se quebram ou outros objetos religiosos nos cruzeiros à beira das estradas ou nos cemitérios? | 35
11. Praga e mau-olhado são verdadeiros? Os católicos devem acreditar nisso? | 45
12. Por que fazemos promessas ou novenas a Nossa Senhora e aos santos? É certo ter esse tipo de atitude religiosa? | 48
14. Quando sonhamos com pessoas que já morreram, devemos pedir para que se reze uma missa por sua alma? | 54
17. O Carnaval é uma festa aceita pela Igreja Católica? | 66
22. Na oração do terço existe a famosa jaculatória: "Livrai-me do fogo do inferno". Existe mesmo fogo no inferno? | 84

23. Como saber se sou uma pessoa escolhida por Deus para realizar seus projetos? | 87
24. O que acontece quando não se cumpre uma promessa? | 89

BATISMO

5. Por que escolhemos padrinhos para batizar uma criança? Quem pode ser padrinho ou madrinha de um batizado? | 26

VOCAÇÃO

6. As pessoas que se consagram para Deus, como padres e freiras, são mais amadas por Deus do que as pessoas que são casadas? | 29
7. Ser padre é profissão ou vocação? | 32

SACRAMENTOS

9. Só as pessoas que estão no leito de morte é que podem receber a Unção dos Enfermos? | 39
13. O que significa viver a "castidade no matrimônio"? | 51
16. O que é confissão geral? Em que ocasião se faz esta confissão e quantas vezes? | 62
18. Uma pessoa não foi feliz no primeiro casamento, separou-se e no segundo casamento vive muito bem. Essa pessoa pode comungar? | 69

BÍBLIA

10. A passagem do povo judeu, que passou a pé enxuto pelo Mar Vermelho, narrada no livro do Êxodo, é um fato histórico ou uma simbologia? | 42

21. Por que os evangélicos usam nas pregações mais livros do Antigo Testamento, enquanto os católicos procuram citar mais o Novo Testamento? | 80

25. O relato dos Evangelhos sobre a Paixão de Jesus é histórico ou simbólico? Jesus falou mesmo as sete palavras na Cruz? | 92

SEGUNDA PARTE

Perguntas curtas e respostas rápidas | 95

LITURGIA

26. Por que não devemos dizer "Amém" no final do Pai-Nosso durante a missa? | 97

27. O que significa a palavra eucologia? | 99

CATEQUESE

28. Ainda existem os dias chamados "Santos de Guarda" para os católicos? | 100

30. O que significa "indulgência Plenária"? | 103

31. Minha Bíblia pegou fogo. O que devo fazer com ela? E com as imagens quebradas? | 104

35. Qual a opinião da Igreja quando uma pessoa, que é portadora de uma doença grave e incurável, é totalmente curada? A igreja reconhece como milagre? | 109

36. Qual a diferença entre espiritismo e espiritualidade? | 110

39. Os santos intercedem mesmo por nós? | 113

40. Por que temos tantas Nossas Senhoras diferentes? | 115

42. Qual a origem do Terço da Misericórdia? Por que o rezamos às 15 horas? | 119

43. Fazer acupuntura é pecado? | 121

44. Deus nos castiga? Por que tantas coisas ruins em nossa vida? | 123

LITURGIA

29. As leituras da Palavra de Deus, feitas na missa, são as mesmas em todo o mundo? | 102

38. Caso uma pessoa embriagada entre na fila da comunhão eucarística, o que devemos fazer? | 112

SACRAMENTOS

32. Quando um padre "deixa sua batina", os batizados e casamentos que ele celebrou deixam de ter valor? | 105

37. Como escolher um bom padrinho de batismo para meu filho? | 111

41. A Igreja Católica permite que primos se casem? | 117

45. Como deve ser feita uma boa confissão? | 125

BÍBLIA

33. Como posso interpretar a frase de Jesus, "Pai, afasta de mim este cálice", dita antes de sua crucifixão? | 106

34. Na Bíblia fala-se que Jesus foi circuncidado. O que significa isso? | 108

AGORA É A SUA VEZ! | 127